Schrader • England

Halwart Schrader

ENGLAND

Ihre zweite Heimat

pietsch

Einbandgestaltung: Andreas Pflaum
Titelbild: Halwart Schrader
Bildnachweis:
Halwart Schrader: S. 5 M., 6 o., 7, 8, 18, 25, 55, 70, 76/77, 79, 84, 89, 90, 94, 96, 97, 104, 105, 112/113, 124, 125, 133, 140, 152, 153, 154, 162, 179, 181, 183, 187
Brackford & Bingley: S. 82, 90
Fox & Sons: S. 5 o., 10, 87, 145
Rainer Lintelmann: S. 5 u., 6 u., 12, 15, 23, 29, 34, 40/41, 50, 53, 62, 65, 66, 67, 69, 84, 98/99, 128/129, 158, 161, 166, 168, 172, 175
Die farbige Übersichtskarte erstellte
KARTOGRAPHIE Peh/Schefcik, Eppelheim.

ISBN 3-613-50365-4

Postfach 103743, 70032 Stuttgart
Ein Unternehmen der Paul Pietsch Verlage GmbH + Co.
1. Auflage 2000

Lektor: Oliver Schwarz
Innengestaltung: Marit Wolff
Reproduktion: PHG Lithos, 82152 Martinsried
Druck: Maisch & Queck, 70839 Gerlingen
Bindung: K. Dieringer, 70839 Gerlingen
Printed in Germany

Inhalt

4. Suche nach dem idealen Standort 76

5. Erwerb einer Immobilie in England 98

ENGLAND
1 Bedfordshire
2 Berkshire
3 Buckinghamshire
4 Greater London
5 Greater Manchester
6 Northamptonshire
7 Warwickshire
8 West Midlands
SCHOTTLAND
NORD-IRLAND
ISLE OF MAN
WALES
KANALINSELN
FRANKREICH
Northumberland
Morpeth
Tyne and Wear
Newcastle upon Tyne
Carlisle
Cumbria
Durham
Durham
Cleveland
Middlesbrough
Northallerton
North Yorkshire
Lancashire
Preston
West Yorkshire
Wakefield
Humberside
Kingston upon Hull
Manchester
5
Barnsley
S. Yorkshire
Merseyside
Liverpool
Cheshire
Chester
Derbyshire
Matlock
Lincolnshire
Lincoln
Nottinghamshire
Nottingham
Staffordshire
Stafford
Shrewsbury
Shropshire
Leicestershire
Leicester
Norfolk
Norwich
Birmingham
8
Cambridgeshire
Cambridge
Suffolk
Ipswich
6
Northampton
7
Warwick
Worcester
Hereford and Worcester
Bedford
1
Hertfordshire
Hertford
Essex
Chelmsford
3
Aylesbury
Gloucester
Gloucestershire
Oxford
Oxfordshire
4
London
Reading
2
Avon
Bristol
Wiltshire
Trowbridge
Kingston
Surrey
Maidstone
Kent
Hampshire
Winchester
West Sussex
Chichester
East Sussex
Lewes
Somerset
Taunton
Dorset
Dorchester
Devon
Exeter
Newport
Isle of Wight
Cornwall
Truro
0
100 km
© KARTOGRAPHIE Peh & Schefcik

1. Einführung

»Das größte Problem der Engländer sind Menschen aus der Fremde, und die Fremde beginnt für die meisten Engländer schon auf der anderen Seite der Straße...«

Antony Miall: Xenophobe's Guide to the English

Idylle der englischen Countryside: alte Mühle in Dorset.

Anfang des Jahres 2000 besaßen mehr als 600.000 deutsche Haushalte Immobilien im Ausland, und 1,1 Millionen hatten zu diesem Zeitpunkt konkrete Vorbereitungen zu einem solchen Schritt getroffen, den sie mittel- oder langfristig realisieren wollten. Ihren Entschluss, sich jenseits der deutschen Grenzen ein zweites Domizil einzurichten, setzten in jedem der letzten beiden Jahre etwa 70.000 Bundesbürger in die Tat um. Diese interessanten Zahlen basieren auf einer Erhebung des Landesbausparkassen-Verbandes.

Wo sonst auf der Welt als in England wird Blumen und Gärten so viel Aufmerksamkeit geschenkt?

Vielleicht beschäftigen auch Sie sich schon länger mit dem Gedanken an einen Orts- und Ambientewechsel – sei es, um ein paar Wochen oder Monate im Jahr einfach nur »abzutauchen«, sei es für einen sehr viel längeren Zeitraum, möglicherweise sogar für immer. Und wenn es für Sie nur einen einzigen, aber triftigen Grund privater oder beruflicher Natur für eine solche Entscheidung gäbe: Er könnte ausschlaggebend sein.

Das Fernweh der Deutschen gilt keineswegs ausschließlich der französischen Provence, der portugiesischen Algarve, der italienischen Riviera, den Kanaren oder den Inseln in der Ägäis, also dem sogenannten sonnigen Süden. Die vorgenannte Erhebung verriet, dass von den an Auslands-Immobilienbesitz Interessierten immerhin 56.000 gern nach England ziehen würden – aus mehreren Gründen, auf die im Nachfolgenden versucht werden soll, näher einzugehen.

Die Anglophilen unter uns träumen von einem urigen Cottage in Warwick, Cornwall oder Somerset, in kaum mehr als drei, vier Flug- und Fahrstunden erreichbar. Leben im Lande Shakespeares – das bedeutet eine ganz andere Dimension der Selbstverwirklichung in Toleranz und geistiger Unbeschwertheit, getragen von lebendigen Traditionen und einem Savoir-vivre, das nur jene ausschließlich den Franzosen zuschreiben, die Britannien nicht wirklich kennen.Von englischer Lebensqualität fasziniert zu sein, ist eine ganz eigene, ganz und gar nicht unangenehme Art von »Englischer Krankheit«, und sie befällt keineswegs nur Golfspieler und Pub-Enthusiasten, Sherlock-Holmes- oder Dick-Francis-Fans oder Freunde whiskylauniger Kamingespräche.

Mehr als je zuvor haben Sie heute die Chance, sich den Traum von einer »zweiten Heimat« zu verwirklichen. Seine Realisierung ist innerhalb der Länder, die zur Europäischen Union (»Club of Rome«) gehören, unkompliziert geworden.

Doch die Entscheidung, sich im Ausland anzusiedeln und dort Grundbesitz zu erwerben, zu pachten oder langfristig zu mieten, bedarf gründlicher Vorbereitung und einer Erkundigung über alle damit zusammenhängenden Vor- und Nachteile. Eine allmählich gewachsene Liebe oder auch spontane Begeisterung für ein paradiesisch gelegenes Cottage in

Lancashire, für das Flair der alten Schlossparks im New Forest, für die romantischen Hafenstädtchen in South Devon oder ein Stück zufällig entdeckter Country-Idylle in anheimelnder Laura-Ashley-Atmosphäre mögen Sie zwar in Ihren Aus- oder Umsteigewünschen zunehmend bestärken, aber jeder Schritt in die Richtung, Träume solcher Art Wirklichkeit werden zu lassen, will überlegt sein. Vermutlich fehlen Ihnen bisher vor allem detaillierte Informationen, von denen eine Entscheidung abhängt.

Falls für Sie berufliche Gründe ausschlaggebend sind, vorübergehend oder für einen längeren Zeitraum in England Quartier zu nehmen, liegen die Dinge einfacher. Als Folge der zunehmenden Globalisierung von Wirtschaft und Industrie pflegen immer mehr Unternehmen einen Austausch von Mitarbeitern in leitenden Positionen über die Landesgrenzen hinweg. Damit stellt sich für Sie kaum noch die Frage, in welcher Grafschaft es Ihnen am besten gefällt; allein die Nähe zu einem vorbestimmten Arbeitsplatz gibt den Ausschlag für die Domizilsuche. Und wenn das Unternehmen, in dessen Auftrag Sie nach England gehen, diese Ihnen ebenfalls schon abgenommen hat, reduziert sich das ganze Abenteuer auf die Entgegennahme der Hausschlüssel. Nun, vielleicht nicht ganz, wie Sie nach und nach herausfinden werden.

Ihre Pläne, sich im Ausland anzusiedeln, so sei unterstellt, haben nichts mit Auswandern im herkömmlichen Sinn zu tun; eine Existenzgründung in einem typischen Immigrationsland wie Kanada oder Neuseeland und der sich langfristig daraus ableitende Erwerb einer neuen Staatsbürgerschaft sind ein Thema für sich, nicht Inhalt dieses Buches. Es soll Ihnen vielmehr die gesammelten Erfahrungen derjenigen vermitteln, die sich mit einem Domizil in England einen Traum erfüllt haben oder die – wie vorstehend angedeutet – aus anderer, vielleicht beruflicher Freiwilligkeit dort ansässig wurden.

Dieses Buch will Ihnen helfen, Lehrgeld zu sparen, das andere bereits bezahlt haben. Außerdem vermittelt es Ihnen eine Fülle von wichtigen Tipps, nützlichen Informationen, erprobten Rezepturen sowie Hinweise auf sorgfältig geprüfte Instrumentarien, die in einem Reiseführer normalerweise nicht enthalten sind. Ebenso zuverlässig sind alle Angaben und Adressen recherchiert, die Sie im Anhang finden.

Übersichtlich strukturiert, werden alle Facetten und Segmente des Themas »Leben in England« so knapp wie nötig, aber auch so ausführlich wie möglich behandelt. Natürlich findet man von Ort zu Ort, von Region zu Region voneinander abweichende, spezifische Gegebenheiten, denn die Briten verstehen sich als Individualisten und handhaben ihre Angelegenheiten nicht immer und überall nach gleichen Grundsätzen. Dennoch gelten in den Midlands wie in Burgess Hill, in Chepstow wie in Humberside die gleichen Gepflogenheiten, nach denen sich Grundstückskauf oder das Mieten eines Apartments, Gastronomie- oder Shoppingrituale, Behörden-, Bank- und Versicherungswesen abspielen.

Von Ihnen als Gastresident in England erwartet man, dass Sie bestimmte Usancen, Gegebenheiten und Spielregeln Ihrer neuen Wahlheimat anerkennen und Verständnis für landestypische Verhaltensweisen zeigen – zum Beispiel für die sehr strikt eingehaltenen Öffnungszeiten der Pubs oder für das Schlangestehen an der Bushaltestelle. Aber sich von hergebrachten Vorstellungen und reglementierter Routine freizumachen, Geist und Körper an einer ganz anderen Mentalität teilhaben zu lassen – gerade das macht ja den Reiz Ihres Vorhabens aus, künftig einen Teil des Lebens bei den Angelsachsen zu verbringen.

Ganz bewusst wird in diesem Buch in erster Linie der Begriff »England« verwendet, seltener »Großbritannien«. Denn die Thematik schließt Wales, Schottland und Nordirland nicht ein. Die Lebensweise und vieles andere, von dem dieses Buch handelt, unterscheiden sich dort mitunter sehr vom »englischen« Großbritannien.

Und die Schilderung allzu vieler Ausnahmen von der (englischen) Regel würde der Übersichtlichkeit abträglich sein. Auch sind die Kanalinseln und die Landeshauptstadt London ausgeklammert. Sich auf Jersey oder Guernsey niederzulassen und dort zu leben, vollzieht sich unter einer Reihe von Umständen, die in vieler Hinsicht anders als in England sind. Und für London gilt dies erst recht – so, wie sich auch das Leben in der Metropole Paris nicht mit dem auf Korsika, auf einem Bauernhof in der Normandie oder in einer kleinen Stadt in der Provence vergleichen lässt.

Last but not least: Erwarten Sie auf den nachfolgenden Seiten keine kulturhistorischen Abhandlungen, Hinweise auf Sehenswürdigkeiten oder Schilderungen landschaftlicher Besonderheiten, wie sie jeder gute Reise(ver)führer enthält – dies würde nicht nur den Rahmen dieses Buches sprengen, sondern seine Thematik verfehlen. Dafür vermittelt es Ihnen aber aufschlussreiche Einblicke in das, was man als »Britishness« bezeichnet und die weit über die üblichen Reiseeindrücke hinausgehen, sowie eine Fülle objektiver Informationen, nach denen Sie woanders bisher sicher vergebens gesucht haben.

Hinweis

Die Ausführungen in diesem Buch sind dazu gedacht, Ihren Überlegungen, sich in England anzusiedeln, einen Unterbau zu geben. Gleichwohl können sich viele Einzelheiten zwischenzeitlich geändert haben, zum Beispiel Gesetze und Verordnungen, auch Immobilienpreise, Gebühren, Wechselkurse, Anschriften und die allgemeinen Lebenshaltungskosten. Autor und Verlag machen deshalb darauf aufmerksam, dass alle Angaben in diesem Buch zum Zeitpunkt der Niederschrift zwar nach bestem Wissen erfolgten, sie aber keine Gewähr für Veränderungen der recherchierten Gegebenheiten sowie für Irrtümer oder Fehler übernehmen können.

2. Die englische Alternative

Wenn Sie einmal eine Zwischenbilanz Ihres Lebens ziehen, könnte sich für Sie die Frage stellen: Warum lasse ich den nervenraubenden Berufsstress nicht hinter mir, die tägliche Hast mit der unaufhörlichen Terminjagd, die zermürbenden Auseinandersetzungen mit einer unsensiblen Ellenbogengesellschaft?

Hier lässt die Seele ihre »Beine baumeln«: typisches Landschaftsbild am Beaulieu River in Hampshire.

Der Gedanke, sich eines Tages in »merry old England« anzusiedeln, beschäftigt Sie vermutlich bereits seit längerer Zeit. Vielleicht hatte er Sie schon gleich nach der Rückkehr von Ihrem ersten Besuch auf der Insel fasziniert.

Vermutlich sind Sie kein spontan handelnder Aussteigertyp, sonst hätten Sie wohl schon viel früher die Initiative ergriffen, Ihre Zelte daheim abzubrechen und woanders aufzuschlagen. Aber nur wenige Menschen sind in der Lage, sich zu beliebiger Zeit und an beliebiger Stelle ein neues Domizil zu schaffen und ohne Rücksicht auf familiäre, gesellschaftliche oder wirtschaftliche Gegebenheiten eine Art Nomadendasein zu führen.

Wahrscheinlicher ist, dass Sie sich als Ausgleich zum strapazenreichen Alltag mit seinen beruflichen oder auch privaten Belastungen eine wohlüberlegte Alternative aufbauen möchten, die Ihnen an einigen Wochen im Jahr – mehr oder weniger gleichmäßig verteilt über den Jahreszeitenrhythmus oder saisonal akzentuiert in Anspruch genommen – eine neue Lebensperspektive gibt. Sie sehnen sich danach, die Batterie immer mal wieder aufzuladen, Geist und Körper mit neuen Energien zu versorgen, Kräfte zu sammeln, sich mit belebenden Impulsen und frischen Eindrücken für den Rest des Jahres zu stärken.

Sich alle vier oder sechs Wochen den Ausbruch aus berufsbedingter Routine zu gönnen – eine Vorstellung von verführerischer Qualität! Dabei geht es Ihnen nicht um ständig neue Reiseeindrücke oder die Mobilisierung Ihres Adrenalinhaushalts. Heute auf eine Karibik-Kreuzfahrt, morgen zum Bungee Jumping an die Victoriafälle. Pfingsten auf Himalaya-Treck, im Sommer zum Tauchen nach Eliat, dann zur Weinlese in die Toskana: Erlebnisintensive Aktiv-Urlaubsvergnügungen gehören nicht zu den von Ihnen gesetzten Prioritäten.

Ihre Zielvorstellung gilt vielmehr einem festen »Ankerplatz«, an welchem Sie sich eine behagliche Atmosphäre schaffen wollen, und zwar Ihre eigene. Auf Dauer liegt Ihnen die – manchmal durchaus gemütliche – Atmosphäre eines Bed & Breakfast Guest House nicht so ganz, auch nicht das perfekt gestylte Glas-und-Stahl-Ambiente eines modernen Hotels; Sie möchten Ihre Vorstellungen vom »Schöner Leben« vielmehr selbst realisieren, auch mal spontan variieren, wenn es Ihnen gerade einfällt, und in eigenen vier Wänden alles so gestalten, wie es Ihnen behagt. Wie zu Hause, und doch ganz anders.

Es können aber auch, wie eingangs angeführt, sehr wohl berufliche Gründe sein, die Sie zu einem Umzug nach England veranlassen. Etwa, weil das Unternehmen, für das Sie tätig sind, Ihnen dort eine Position angeboten hat, oder weil Sie als freiberuflich Schaffender in England ein »zweites Bein« auf den Boden bringen möchten. In einem solchem Fall werden Sie vom Informationsgehalt dieses Buches in gleichem Maße profitieren. Und wenn Sie ihre anglophilen Sympathien mit der Ausübung beruflicher Pflichten in Einklang bringen können: um so besser.

Geplanter oder spontaner Entschluss?

Es sei unterstellt, dass finanzielle und nicht zuletzt auch berufliche Aspekte in Ihren Überlegungen zwar einen bestimmten Stellenwert einnehmen, dass Ihre Sympathien für England aber überwiegend emotionaler Natur sind und weniger auf der Wahrnehmung geschäftlicher Interessen beruhen.

Von jeder Ihrer bisherigen Englandreisen haben Sie Impressionen mit nach Hause genommen, die sich eingeprägt haben. Die parkähnliche Hügellandschaft der Salisbury Plain bei Sonnenaufgang, das Herbstlicht über den Ufern des Avon oder der oberen Themse, die würzige Luft in den Lincolnshire Wolds, die spielzeugartige Zusammenwürfelung kleiner Häuser, alter Kirchen, gemütlicher Pubs und mit Patina versehener Ladengeschäfte in versteckten Dörfern, die faszinierende Symbiose aus der Romantik jahrhundertealter Landsitze und der Avantgarde eines jungen Britanniens in Architektur, Technik, Mode und Design: All das zusammen ergibt vielleicht den Auslöser für eine fixe Idee, der Sie sich nicht mehr zu entziehen vermögen. Oder ist es doch eher der Zufall, etwa eine auf der letzten Englandreise besiegelte Freundschaft fürs Leben oder der Tipp eines Grundstückmaklers (»...wenn Sie jetzt nicht zugreifen: eine solche Chance bietet sich Ihnen nie wieder...«), die Sie in Ihrem Vorhaben den entscheidenden Schritt voranbringen?

»Ubi bene, ibi patria«, sagten (frei übersetzt) die alten Römer: Dort, wo es mir gut geht, fühle ich mich zu Hause. Die meisten Nichtbriten, die sich in England eine Ferienimmobilie oder ein Haus als künftigen Alterssitz gekauft haben, taten dies in einer Gegend, die ihnen nach etlichen Erkundungsfahrten und nach dem Abwägen zahlreicher Kriterien letztlich am besten gefiel. Seltener war es Liebe auf den allerersten Blick. Dort, wo es mir gut geht: Das ist eine in jedem Fall sehr individuelle Auslegung und hängt von vielen Detailfaktoren ab.

Denn: Hält die Liebe auf den ersten Blick auch einem zweiten (kritischeren) stand? Ein sorgfältiges Vergleichen der Vor- und Nachteile eines Ortswechsels mit den sich daraus ergebenden Konsequenzen und ein gründliches Überdenken aller Einzelheiten ist vernünftiger als jeder spontan gefasste Entschluss. Je eingehender Sie sich über alles informieren, desto weniger Überraschungen folgen später. Für Ihr Wohlbefinden sind sehr viel mehr Faktoren entscheidend als ein günstiger Kaufpreis oder die Superlage eines Traumobjekts mit Blick auf die Isle of Wight, die Wrekin Heights oder die Schlucht von Ironbridge…

Gereift für die Insel

Viele Menschen bringen nicht den Mut auf, die Umsetzung ihrer Traumvorstellung konsequent in Angriff zu nehmen. Sie verfügen zwar über genügend Phantasie, sich ein Leben im Ausland vorzustellen; auch finanzielle Hürden wären vielleicht nicht das Problem. Was ihnen fehlt, ist der entscheidende Anstoß zur ernsthaften Überprüfung der Machbarkeiten. Häufig kommt Mangel an Zeit hinzu, um sich mit dem Thema in Muße zu beschäftigen. Wer aber geschäftliche Gründe hat, nach England umzusiedeln, braucht nicht nach einer stichhaltigen Antwort auf die Frage »Soll ich oder soll ich nicht…?« zu suchen. Dann kommt es nur darauf an, die Weichen so gut und vernünftig wie möglich zu stellen und das nicht allein anderen zu überlassen.

Es bedarf in jedem Fall einer gründlichen und objektiven Durchleuchtung aller Fragen, die sich im Zusammenhang mit

Warum nicht für immer? Nicht selten sind es Stimmungen wie diese, in denen der Entschluss fällt, gerade in England sesshaft zu werden.

einem Zweit- oder sogar Hauptwohnsitz im Ausland ergeben. Spontan getroffene, nicht sorgfältig ausgelotete Entscheidungen könnten sich später als Fehlschlag, zumindest aber als stark nachbesserungsbedürftig erweisen. Solche Korrekturen sind in aller Regel kostspielig und mit Verdruss verbunden.

Also gilt es, sich so gut wie möglich abzusichern. Loten Sie aus, ob Sie »reif für die Insel« sind, machen Sie sich die Erfahrungen anderer zunutze und holen Sie sich den berühmten guten Rat – der in diesem Fall gar nicht einmal teuer ist – von Sachkundigen ein.

Pro und contra England

Wir hören es immer wieder, wenn die Rede auf die Engländer kommt: Sie können nicht gut kochen, ihr Wetter ist meist schlecht, ihre Autos sind nicht vollgasfest, sie schütteln einem nicht die Hand, und an ihren letzten noch funktionsfähigen

offenen Kaminen versengt man sich die Füße, während der Rücken friert.

Nun gut, räumen die Kritiker ein, der Engländer James Watt hat mit seiner Dampfmaschine die industrielle Revolution ausgelöst, Isaac Newton mit seinem Spiegelteleskop den Quantensprung in der Astronomie bewirkt, Andrew Lloyd Webber mit seinen Musicals eine neue Bühnenkultur geprägt. Die Briten haben Schiffe wie die *Queen Mary* und die *Queen Elizabeth* gebaut, Kultfiguren wie die Rolling Stones und James Bond hervorgebracht. Im Internet ließe sich noch mehr zu diesem Thema in Erfahrung bringen. Übrigens ist Timothy Berners-Lee, der Erfinder der World-Wide-Website, ebenfalls ein Engländer.

Von William Shakespeares Werken bis zu den Songs der Beatles, vom Rolls-Royce bis zum Mini, vom Barbour Coat bis zum Windsor Castle Tea: Einem Faible für England und für Englisches können viele Ursachen zugrunde liegen. Nicht zuletzt die englischen Landschaften, ein facettenreiches Kulturerbe, die Atmosphäre seiner sehr kleinen und seiner sehr großen Städte, die Menschen und ihre Lebensart, die sich von der unseren in vieler Hinsicht unterscheidet. In manchen Dingen auch nicht: Gartenzwerge, Hummelfiguren und Teddybären zum Beispiel oder der gute, alte Weihnachtsmann erfreuen sich hüben wie drüben gleich großer Beliebtheit. Englische Kinder auf den Osterhasen anzusprechen, macht allerdings weniger Sinn: Den kennen sie nicht.

Mit dem *British way of life* sind Sie im Verlauf mehrerer Urlaubsaufenthalte oder auch auf Geschäftsreisen vermutlich etwas vertrauter geworden. Sie durften feststellen, dass die englische Küche besser als ihr Ruf ist und dass es in England eine ausgeprägte Weinkultur gibt. Der in Düsseldorf lebende Privatpilot Albert Leonhard, der regelmäßig in England zu tun hat, bringt es auf den Punkt: »Es ist eine unvergleichliche Mischung, die England so liebenswert macht. Die Freundlichkeit, aber auch die manchmal herrliche Verschrobenheit der Engländer auf dem Lande, ihr Lebensstil und ihre vorzüglichen Pubs, das abwechslungsreiche Landschaftsbild, die Ausstrahlung

»My home is my castle«: Der Brite geht gerne auf (höfliche) Distanz.

der kleinen Städte, der Sinn für Traditionelles und Beständiges. Ich bin häufig drüben – und habe mich noch bei jedem Besuch in den letzten 25 Jahren ausgesprochen wohl gefühlt.«

Zwei von zwölf Englandliebhabern erliegen eines Tages dieser Faszination und kaufen sich auf der Insel ein Haus, wie Robert J. Izzard bestätigt. Er ist Geschäftsführer der angesehenen Immobilienagentur Bradford & Bingley in Kenilworth (Midlands) und kennt die Vorstellungen seiner kontinentalen Kunden recht gut.

»Die Auswahl an Häusern auf dem Lande ist groß«, sagt Izzard. »Wichtig ist nur, erst einmal herauszufinden, was den Interessenten überhaupt bewegt, sich in England niederzulassen. Danach richtet sich unsere Beratung, die ja weitaus mehr sein muss als das Vermitteln eines Objekts. Erfolgt der Zuzug aus beruflichen Gründen? Dann kommt ein gänzlich anderes Anwesen in Frage als für den, der sich einen Altersruhesitz in idyllischer Lage suchen möchte. Schon der Zeitfaktor ist dann ein ganz anderer. Denn wer sich schnell entscheiden muss, weil er in sechs Wochen seine neue Position antritt und acht Tage danach mit Geschäftsfreunden seine erste Party feiern will, hat längst nicht die Auswahl wie jemand, der mir sagt: So und so sieht meine Idealvorstellung aus – suchen Sie mir solch ein Anwesen und rufen Sie mich an, wenn Sie's gefunden haben. Das Suchen auf Bestellung hat um so mehr Erfolg, je weiter der Zeitrahmen gesteckt ist.«

Drei von vier Engländern sind Eigentümer des Hauses, in welchem sie wohnen. Nicht ohne Grund heißt es: *My home is my castle.* »Meine Festung« – das bezieht sich jedoch nicht nur auf das eigene Haus, sondern auf England als Heimat. Wie ausgeprägt der britische Patriotismus ist, lässt der allgegenwärtige Union Jack erkennen. Die dekorative Staatsflagge Großbritanniens – eine rot-weiße Kombination von St.-Georgs-, St.-Patricks- und St.-Andreas-Kreuz auf blauem Grund – hat für die Briten eine ungeheure Symbolkraft.

Wer England aus der Sicht des Reisenden aus »Europa« (im britischen Verständnis) kennen lernt, nimmt oft nur die angenehmen Seiten wahr. Selbst wenn es wieder einmal seit Stunden regnet oder neblig ist, oder wenn das Bier *on draught* (vom Fass) nicht kalt genug, das Badewasser in Ihrem Hotel-

zimmer nicht warm genug oder die alte Dame am Lenkrad des Uralt-Austin vor Ihnen nicht schnell genug sein sollte. Dafür wärmt es das Herz, schon nach weniger als zehn Minuten von neuen Freunden einen starken Tee – *it's Earl Gray, dear!* – kredenzt zu bekommen, mit dem Vornamen angesprochen zu werden und das Angebot zu erhalten: Bei Ihrem nächsten Besuch übernachten Sie aber bei uns!

Doch nicht überall zeigen sich Land und Leute von ausschließlich angenehmen Seiten. Vor allem in den Randgebieten großer Städte gibt es eine Menge Elend, das dazu beiträgt, dass viele Menschen unterhalb der Armutsgrenze ihr Dasein fristen. Dort gehören Earl Gray, Barbour und die Musik der Beatles nicht zu den Tagesthemen. Die Behörden sehen sich häufig überfordert, die Probleme in den Griff zu bekommen, die nicht zuletzt durch immer mehr illegale, Obdach suchende Einwanderer, durch Langzeitarbeitslosigkeit und Jugendkriminalität, durch Randale, Drogen- und Alkoholkonsum entstehen. Ursache und Wirkung sind meist austauschbare Größen. Karitative, überkonfessionell arbeitende Organisationen kämpfen an vielen Fronten gegen soziale Missstände und deren Auswirkungen.

Auf dem Lande sind derlei Themen indes weitaus seltener an der Tagesordnung als in den Cities. In den weiter abgelegenen Gegenden lebt es sich verhältnismäßig sorgenfrei. Was Sie in der Tagespresse über Autodiebstahl oder Einbrüche (meist in ungesicherte, ebenerdige Wohnungen), Dealer-Razzien oder Tankstellenüberfälle lesen, spielt sich meist im Bereich größerer Städte ab. Was aber nicht bedeutet, dass Kleinstädte hiervon grundsätzlich gefeit wären. Die Schlagzeilen über das dramatische Verschwinden des Schulmädchens Vicky Hall aus einem kleinen Dorf in Suffolk im September 1999 haben in ganz England tiefe Betroffenheit ausgelöst. Das dem Briten so wichtige Vertrauen in die »heile Welt« des Kleinstadtlebens war in Frage gestellt worden.

Die Engländer möchten gern an ihre »heile Welt« zumindest noch auf dem Lande glauben, auch wenn die wackere Filmheldin Margret Rutherford (»Miss Marple«) uns oft genug darauf aufmerksam gemacht hat, wie trügerisch gerade die vermeintliche Provinzidylle ist. Auch die Softkrimis der Autorin

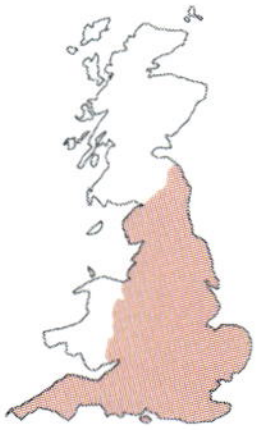

Rosamunde Pilcher – das muss man anerkennen – weisen einen gewissen Realitätsgehalt auf.

In England spielt das Vertrauen, das man seinen Mitmenschen entgegenbringt, eine große Rolle. Es zu missbrauchen, empfindet der aufrechten Brite nicht nur als ein moralisches oder juristisches Delikt – es lässt Welten einstürzen. Der klassische Begriff des *fair play* hat damit zu tun. Jemandem zu vertrauen, heißt hier auch, Selbstwertgefühle beim anderen zu achten und zu stärken: *I'm sure, you will make it!* (Ich bin sicher, dass du es schaffen wirst). Wer ein gestecktes Ziel nicht erreicht hat, dem gibt man eine weitere Chance; man zeigt nicht mit Häme auf ihn oder lässt ihn im Graben liegen, selbst wenn er sich dort durch eigene Schuld hinein manövriert hat. Mit dem Begriff der Schadenfreude geht man in England sehr viel sparsamer als bei uns. »*He is a good sports*« bedeutet, dass jemand ein tüchtiger, vor allem zuverlässiger Mensch ist, dem man unterstellt, dass er sein Bestes gibt – der aber auch zu verlieren versteht, wenn die anderen halt besser waren, ohne dass man darüber spotten würde.

Wenn Sie »die Engländer« und ihre Lebensgewohnheiten ein wenig näher kennen gelernt haben, Ihr erstes Informationsbedürfnis befriedigt worden ist und Sie schließlich eine Bestätigung Ihrer Urteile (oder auch Widerlegung Ihrer Vorurteile) erfahren konnten – dann richten Sie an sich selbst ein paar Fragen, zum Beispiel, ob und warum England auch »Ihr« Land sein könnte, zum Leben und zum Überleben, und notieren Sie, welche Antworten Ihnen dazu einfallen!

Meerumschlungen: Bis heute sind sich die britischen Inselbewohner nicht einig, wie europäisch sie in Zukunft sein wollen.

Gehört Britannien zu Europa?

Wer häufig mit Briten zu tun hat, hat ihre Einstellung zu Europa kennen gelernt. Rein geografisch umfasst Europa selbstverständlich auch die britische Inselwelt, doch wenn Engländer von »*Europe*« sprechen, klammern sie ihr Land aus. Moskau, Hammerfest, Reykjavik, Palermo: alles Städte in Europa, aber London, Manchester und Chipping Sodbury

liegen im United Kingdom, bitte sehr. An der berühmt gewordenen Zeitungs-Schlagzeile: »Dichter Nebel über dem Ärmelkanal – Europa von der Außenwelt abgeschnitten«, können viele Engländer gar nichts Witziges entdecken. Dafür geht dem Kontinentaleuropäer so manches Mal aber auch der Sinn für typisch englischen Humor ab...

Alles, was sich jenseits von Großbritannien abspielt, geschieht dem Empfinden der Briten nach *overseas*, also in »Übersee«. Verständlich, dass ein Inselvolk die See als natürliche Grenze betrachtet, über die einzudringen nicht jedermann gestattet ist. Die feierliche Prozedur, die sich bei der Einreise per Autofähre abzuspielen pflegt, kennen Sie. Seitdem Großbritannien zum Club of Rome gehört, hat das Procedere allerdings ein wenig von seiner Umständlichkeit verloren.

Andererseits hat die Tatsache, dass das Land ringsum von Wasser umgeben ist, das Inselvolk der Briten zu hervorragenden Seefahrern gemacht. Nach wie vor gelten englische Yachtkapitäne im ganzen Mittelmeerraum als die renommiertesten im gesamten Charter-Business. Unter dem Motto »*Britannia rule the waves!*« beherrschten die Engländer einst ja nicht nur die Seewege zu den wichtigsten Häfen der Welt, sondern halbe und ganze Kontinente.

Das britische Empire, das einst auch Kanada, Australien und ein riesiges Kolonialreich rund um den Globus umfasste, gibt es längst nicht mehr. Dennoch ist auch heute noch ein wenig Weltmachtanspruchsdenken in vielen Köpfen existent. Die Tatsache, dass man annähernd überall dort, wo der Union Jack einst britisches Hoheitsgebiet (Commonwealth) kennzeichnete, Englisch als Amtssprache beibehalten hat, wird gern als Bestätigung solcher Denkweise verstanden.

Great Britain ist eine seit 1707 amtliche Bezeichnung für den Machtbereich der Krone auf der britischen Insel, das Königreich England, das (ehemalige) Königreich Schottland und das Herzogtum Wales umfassend. Umgangssprachlich hat sich heute der Begriff »Britain« eingebürgert, weil das »Great« gern auch auf das einstige Commonwealth bezogen wird. Gebräuchlicher aber ist *United Kingdom* oder kurz *UK*, wobei dieser Begriff Irland (seit 1917 nur mehr Nordirland) mit einschließt.

Großbritannien ist eine parlamentarisch-demokratische Monarchie, kennt aber keine geschriebene Verfassung. Das Wort *»Kingdom«* (Königreich) wird übrigens selbst von Gegnern der Monarchie vorbehaltlos verwendet. Damit – und nicht etwa nur durch den Ärmelkanal und die Nordsee – grenzt sich das Land von allen anderen Europas ab. Denn selbst in jenen Staaten, die wie Schweden, Belgien, Dänemark oder die Niederlande noch über veritable Königshäuser verfügen, sind deren gelebten Traditionen nicht im entferntesten vergleichbar mit denen im United Kingdom. Und mag die Boulevardpresse noch so sehr lästern, wenn es an den Royalties etwas zu kritisieren gibt: Der britische Untertan steht zu seinem Herrscherhaus, das genau genommen heute nicht sehr viel mehr beherrscht als seine Rituale. Eine »Entmachtung« des britischen Königshauses (einhergehend mit der Einschränkung der Privilegien des Hochadels) wurde schon oft gefordert, aber jede diesbezügliche Umfrage ergibt letztenendes, dass die Engländer auf ihre Queen samt Hofstaat keineswegs verzichten wollen.

Wie das Land, so seine Bewohner

Jeder Mensch ist Ausländer – zumindest jenseits seiner Landesgrenzen. Eine Binsenweisheit, gewiss. Aber es ist gut, sich ihrer öfters zu erinnern. Als *»non-UK passport holder«* bewegen Sie sich in England als Gast, und das erfordert, sich bestimmten Gepflogenheiten anzupassen.

Der Autor Antony Miall witzelte, dass für viele Engländer das Ausland bereits auf der anderen Seite der Straße beginne. Tatsache ist, dass so gut wie jeder Engländer Vorfahren hat, die selbst allesamt Landesfremde waren, etwa Römer oder Normannen, Angeln, Jüten oder Sachsen – die keltischen Ureinwohner hat man nach Irland und Wales abgedrängt. Die Stammbäume selbst nobelster Familien reichen »nur« bis zu Wilhelm dem Eroberer (*William the Conqueror*) zurück, der mit seiner Streitmacht im Jahre 1066 an den Küsten der Insel landete. Und Prince Charles – ist er ein Engländer? Mit dieser Frage bringen Sie britische Patrioten in Verlegenheit. In den

Adern Seiner Königlichen Hoheit wie in denen seiner Eltern fließt überwiegend deutsches Blut. Die Windsors stammen nämlich aus der Linie Sachsen-Coburg-Gotha, und der Ehemann der Queen heißt mit bürgerlichem Namen Battenberg, woraus man Mountbatten gemacht hat.

Sind Sie nach anfänglichem *small talk over the fence* erst einmal in den engeren Kreis der Nachbarsfamilie aufgenommen worden, bleibt es nicht bei der nächsten Tasse Tee. Der Hausherr präsentiert Ihnen seine erst kürzlich bei Sotheby's ersteigerte elektrische Eisenbahn von 1936, und als ob man sich seit ewigen Zeiten kennen würde, diskutiert man mit Ihnen die Geheimnisse des Fliegenfischens, die Vorteile des Barfußgehens im Garten und die Freuden des Rosenzüchtens, wohl auch das Ersatzteilproblem bei Großvaters altem Morris, den Kummer mit dem nicht funktionierenden Toaster und die Sorgen der Schwiegertochter Nelly, die viel lieber Schokolade bei Marks & Spencer als Fischbrötchen bei MacSoundso verkaufen würde.

Wer den Engländern Kühle, Distanziertheit oder Steifheit nachsagt, hat sie nur am Zollschalter, nicht aber zu Hause, im Pub oder bei der jährlichen Ruderregatta in Henley-on-Thames kennen gelernt! Allerdings gelten die Bewohner Südenglands als reservierter im Vergleich zu ihren Landsleuten in den nördlicheren Regionen.

Achten Sie einmal darauf, was in England alles mit dem Prädikat *nice* (nett) versehen wird. Das neblige Wetter, die magersüchtige Nachbarstochter, der langweilige Job, Ihr klappernder Gebrauchtwagen, die Kathedrale von Winchester, das künstliche Feuer im Kamin, das jämmerliche Klaviergeklimper des unbegabten Enkelsohnes, das huldvolle Lächeln der Queen, die mitreißende Seifenoper im Fernsehen, die todlangweilige Geburtstagsparty – alles lässt sich als *very nice* bezeichnen, wenn die Höflichkeit eine Meinungsäußerung gebietet. Und immer werden Sie hören: *Nice to meet you* (Nett, Sie kennen zu lernen). Das ist auch wirklich so gemeint.

Wenn in diesem Buch von »den Engländern« die Rede ist, so stellt das natürlich in mehrfacher Hinsicht eine Pauschalierung dar. Jeder Engländer sieht sich vollkommen anders als sein Nachbar, Kollege oder Weggefährte und möchte nicht mit jedem Tom und Harry über denselben Kamm geschoren werden.

»The British type is produced by the climate«, hat George Bernhard Shaw einmal gesagt, womit der in Irland geborene Dichter zum Ausdruck bringen wollte, dass der Charakter seiner Landsleute der Wechselhaftigkeit des britischen Wetters entspräche. Aber es gibt sie dennoch, »die Engländer«, und da jeder von ihnen, so darf man unterstellen, ein *good sports* zu sein bemüht ist, dürfen wir auch weiterhin mit einigen Verallgemeinerungen operieren, die ja auch *the krauts* (die Deutschen) hinnehmen müssen.

Die Karikatur des aggressiven, hochfahrenden Bauerntyps »John Bull« mit weißen Breeches, Stulpenstiefeln und Zylinderhut wurde vor anderthalb Jahrhunderten geboren, aber einen solchen Engländer hat es eigentlich nie gegeben. Eher schon den Seefahrer Captain Bligh oder Gestalten, wie sie Charles Dickens, T. S. Eliot, Rudyard Kipling oder Edward Allan Poe beschrieben. Solche Figuren verkörpern »den« Engländer, wie man ihm vor allem außerhalb seines Landes begegnet.

»Schief ist englisch«, heiß es früher einmal, was sich ursprünglich zwar auf die »schräge« Tanzmusik Jack Hyltons bezog, aber die Redensart mutierte bei uns zu einem geflügelten Wort, mit welchem man irgendwelche Unzulänglichkeiten zu bezeichnen pflegte. Vieles in England ist nach unserem Verständnis unzulänglich, sei es die Installation mancher Wasserleitungen oder die Sicherung von Straßenbaustellen. Für den Engländer ist das *cultural heritage* (kulturelle Erbe) wichtiger als zu wenig Druck auf dem Wasserhahn. Stonehenge, Shakespeare und die Mayflower Saga genießen höhere Stellenwerte als alle nicht gesicherten Schlaglöcher auf der A422 zwischen Banbury und Brackley zusammen!

Verzichten Sie also besser auf ein Herauskehren des überkorrekten Preußen, auf herablassende Belehrungen (»das müsste man denen mal beibringen!«) oder auf die Durchsetzung vermeintlich unwiderlegbarer Standpunkte. Auch in England schafft man sich keine Freunde durch Rechthaberei. Die Deutschen genießen ohnehin den Ruf, alles besser zu wissen und andere zu ihrem »Ordnungssinn« bekehren zu wollen. Spät abends gibt es immer wieder mal TV-Filme, vor drei, vier Jahrzehnten gedreht und die Zeit von 1935 bis 1945 reflektierend: Ein wenig von dem, was in jenen Streifen die Rollen der tumben Teutschen bis zur Karikatur kennzeichnet, glauben einige

GB
SU-76
V.C.C.
1907
ROLLS-
ROYCE

Briten in den *Germans* noch immer zu erkennen: Sie organisieren alles perfekt, gehorchen dem Vorgesetzten aufs Wort (»Jawoll, Herr Obergruppenführer!«) – und fallen auf die einfachsten Tricks der schlauen Engländer herein. Indessen, bei der jüngeren Generation haben solche Bilder längst Korrekturen erfahren. Ihr Weltbild hat neue Konturen bekommen und ist ein anderes als das ihrer Eltern und Großeltern, denn junge Briten reisen heute sehr viel häufiger ins Ausland und bilden sich ihr eigenes Urteil über das, was sie sehen und erfahren.

Allerdings ist ein Phänomen zu registrieren, das nicht in unsere aufgeklärte Zeit passt: Unter den Zehn- bis Sechzehnjährigen hat sich in den letzten Jahren eine zunehmende Ausländerfeindlichkeit ausgebreitet. Sie richtet sich vor allem gegen Farbige, aber auch gegen Franzosen, Spanier und Deutsche. In Videospielen und Comicheften finden derlei Trends gute Nahrung, und viele Boulevardblätter scheuen sich nicht, das Thema auf primitive Weise aufzugreifen. Den Fremden eins auf den Hut zu geben, wo immer sich die Gelegenheit dazu bietet, sehen sie als patriotische Pflicht. Die Tatsache, dass ideologische Gräben, die es in der Vergangenheit zur Genüge gab, längst zugeschüttet sind, ist einigen Zeitgenossen eben immer noch nicht ganz bewusst geworden.

Der erwachsene Engländer diskutiert über Wirtschaft und Politik ebenso gern wie über Fußball, schnelle Autos und über das Wetter. In seiner Meinungsäußerung pflegt er dabei gern gewisse Unter- oder Übertreibungen. Die Antwort *»well, not too bad…«* (nun, gar nicht so schlecht) auf die Frage nach dem Wohlbefinden kann sehr wohl bedeuten: Mir geht's ziemlich schlecht, es ist gerade noch auszuhalten. In solchen Fällen liegt die Betonung – genau hinhören! – auf dem Wörtchen *too*. Und ein *»could be worse…«* (könnte schlimmer sein) signalisiert: Es ist wirklich arg schlimm – das Wetter oder das Befinden.

Es überrascht den Nichtbriten schon bei seinem ersten Kontakt mit Engländern, mit dem Vornamen angesprochen zu werden. Selbst der Boss eines großen Unternehmens wird sich Ihnen mit: »*My name is George*«, vorstellen. Lassen Sie sich von dem vertraulichen Klang auch in geschäftlicher Post (»… John, William, Frank und David sind von Deiner Teilnahme am Meeting informiert, Melanie erwartet Dich im Hotel …«) aber

Linke Seite: Anerkannt: Individualismus als way of life.

nicht täuschen: Die Engländer sind harte Verhandler, nicht immer gute Zuhörer, aber stets disziplinierte Gesellschafter. Der Usus, einander beim Vornamen zu nennen, signalisiert im Business nicht (gleich) freundschaftliche Verhältnisse, sondern Pragmatismus, Offenheit und Unvoreingenommenheit. So, wie die Gentlemen bei Tisch – sei es bei einem Meeting oder zum Lunch – das Jackett ablegen und herausgegebenes Wechselgeld nicht nachzählen. Womit wir wieder beim Thema Vertrauen wären.

Es gibt wohl kaum einen Engländer, der nicht mit Leidenschaft die Zeitung liest, wobei der Begriff *newspapers* (oder nur *papers*) sich auf alles erstrecken kann, was auf weißem, grauem oder rosafarbenem Papier gedruckt und verbreitet wird. Ungleich populärer als anderswo auf der Welt sind in England die so genannten *tabloids*, im Vergleich zur »Financial Times« oder zum »Daily Telegraph« meist kleinformatige, aber sehr reißerisch aufgemachte Boulevardblätter. Ihre Welt ist die der Skandale, der wirklichen und der erfundenen, und obwohl niemand zugeben mag, diese Druckerzeugnisse mit den übergroßen Lettern auf der Titelseite ernst zu nehmen, bewegen sich ihre Druckauflagen in astronomischen Höhen. Die als Mittel zum Zweck der Auflagensteigerung ebenfalls praktizierte, bereits erwähnte Engstirnigkeit, Voreingenommenheit und Häme in Bezug auf die Pflege nachbarstaatlicher Beziehungen ist eine eigenartig unbritische Verhaltensweise der Regenbogenpresse, die sich damit an sehr junge, also noch wenig lebenserfahrene Leser wendet – aber auch an verhältnismäßig alte, deren Weltbild sich seit 1940 nicht geändert hat. Pauschal vorgetragenen Antipathien gegen alles Deutsche werden Sie bei vernünftigen Leuten kaum noch begegnen. Kommt das Gespräch auf die Schrecken des Zweiten Weltkrieges, wird man sich natürlich über die deutschen Luftangriffe auf London oder Coventry unterhalten, wohl auch über die Home Guard und den D-Day – wie der Engländer eben über alle militärischen Konflikte der letzen 300 Jahre (sofern sein Land darin verwickelt war) gern und ausgiebig zu debattieren liebt. Es braucht nur jemand Reizworte wie Waterloo, Trafalgar, El Alamein oder Agadir in die Gesprächsrunde zu streuen.

Mit Leidenschaft – und keineswegs nur auf den »dritten Seiten« der Boulevardpresse – diskutiert man in England Themen, die heutzutage den Nerv jedes Einzelnen treffen, etwa das Vordringen ausländischer Großunternehmen in bislang rein britische Domänen. Als die Japaner ihren Fuß erstmals in die Tür zur britischen Wirtschaft stellten, der US-Gigant Ford den Autohersteller Jaguar übernahm, BMW – um beim Thema zu bleiben – die Rover-Gruppe und bald darauf der Volkswagen-Konzern Rolls-Royce und Bentley schluckte, waren dies jedes Mal Vorgänge von weltanschaulicher Dimension. »Ich weiß gar nicht, warum in diesem Lande so viel über das Rover-Disaster geklagt wird«, sagte ein britischer Wirtschaftsjournalist auf einer Pressekonferenz im September 1997. »Hätten die Engländer vor fünf, sechs Jahren mehr Patriotismus bewiesen und vorzugsweise Autos von Rover anstatt von Volkswagen, Nissan, Peugeot oder Fiat gekauft, wäre es ja gar nicht soweit gekommen ...«

Dann die Schmach des europäischen Embargos von britischem Rindfleisch nach dem BSE-Skandal. Über mehrere Jahre hatte die Presse ihren Dauerbrenner. Nachrichten über ein Verbot des Teetrinkens oder über die Auflösung der Royal Navy hätten keine größere Empörung wecken können.

Vorbehalte gegen den Euro

Es gibt allerdings eine noch größere Sorge, die Britanniens Patrioten plagt: Die Furcht vor der Abschaffung des Pfundes zugunsten des Euro.

Für diesen Fall prophezeien die Pessimisten im Lande einen Absturz in die Abhängigkeit fremder Finanzmächte. Die Engländer kennen wie die Deutschen die Sorge um die Erhaltung von Arbeitsplätzen (von denen im Zeitalter der Rationalisierung und Unternehmensfusionen immer mehr entfallen) oder um die soziale Sicherung im Alter. Allein ein starkes Pfund, so hört man, garantiere künftigen Wohlstand.

Noch gilt in Britannien die Sterlingwährung. Auf direkte Preisvergleiche, wie sie in den Euroländern vom 1. Januar 2002 an möglich sein werden, müssen wir auf der Insel also verzichten. Der Umrechnungskurs unterliegt den in der Finanzbranche üblichen Schwankungen; im Sommer des Jahres 2000 zahlte man für ein Pfund Sterling DM 3,30 oder 1,69 Euro.

Als Anfang der 70er-Jahre das Sterlingpfund dezimalisiert wurde und von einem Tag auf den anderen nicht mehr aus 12 Schillingen zu je 20 Pence bestand, nahm in England ein bedeutender Prozess seinen Anfang: die Einführung metrischer Messwerte. Es wird zwar noch etwas dauern, bis es an den Landstraßen Kilometer statt Meilen heißt und man das Körpermaß eines Menschen in Zentimeter statt in Fuß und Zoll angibt. Aber bei den Lebensmitteln wird bereits in Kilogramm gewogen, Benzin wird nach Litern gezapft, Möbelmaße werden in Zentimetern angegeben. Von Gallonen und Pfunden, Zoll und Unzen nehmen die Briten allmählich Abschied. Wer wollte also daran zweifeln, dass der Money Chip auf britischen Kreditkarten eines Tages nur noch Euros klingeln lässt?

Das Wort »Privatisierung« spielt in der Wirtschaft Großbritanniens eine zunehmende Rolle. Staatlich gelenkten Konzernen, so hat sich längst herausgestellt, mangelt es an Flexibilität und damit an Konkurrenzfähigkeit im Vergleich zu privatwirtschaftlich geführten Unternehmen. Höhere Wettbewerbsfähigkeit bedeutet aber auch Eliminierung von Arbeitsplätzen.

In England sollen immer weniger Erwerbstätige ein möglichst hohes Bruttosozialprodukt (die Zuwachsrate betrug 1999 nach IWF-Standard nur 1,1 Prozent) erwirtschaften. Bedeutende Großfirmen bauen kontinuierlich Personal ab oder verringern durch Fusionen in großem Stil ihren Bedarf an Fachkräften. Auch wenn die Zahl derer, die Arbeitslosenhilfe in Anspruch nehmen, Ende 1999 »nur« 7,3 Prozent betrug: Vielen jungen Leuten erscheint die Zukunft unsicher. Sie verdienen ihr Geld in Teilzeit- und Aushilfsjobs, und selbst eine große Zahl jener, die eine sehr gute Ausbildung vorzuweisen haben, schätzen ihre Berufsaussichten nicht allzu rosig ein: Das Land bringt zu viele College- und Hochschulabsolventen hervor, als dass sie alle Aussicht auf eine ihrer Qualifikation entsprechenden Stelle hätten. OECD-Experten rechnen damit, dass die Erwerbslosenquote in Großbritannien bis zum Jahr 2001 auf annähernd 9 Prozent steigen wird.

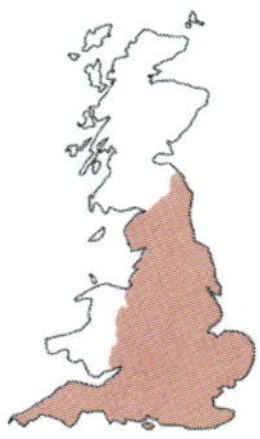

Politiker wie der Tory-Führer William Hague sehen die Ursache für diese Entwicklung in der zunehmenden Globalisierung der Wirtschaft, die nach seiner Meinung dem britischen Potenzial die Eigendynamik nimmt. Die großen strukturellen Unterschiede zwischen der Wirtschaft Großbritanniens und der in den kontinentaleuropäischen Ländern, so sagen die Gegner des Regierungschefs Tony Blair, würden sich mit dem Beitritt zum Euro-Club noch negativer auswirken. Eine Orientierung zum Dollarraum sei wesentlich mehr gerechtfertigt; der Konjunkturzyklus Englands weise mit der amerikanischen Entwicklung mehr Gemeinsamkeiten auf als mit der europäischen. Nur mit der Beibehaltung des Pfundes sei wirtschaftliches Wachstum zu erzielen, die Inflation in Grenzen zu halten und eine makroökonomische Stabilität gewährleistet. Die Prognose für das Jahr 2000 sah bei Jahresanfang ohnedies nicht rosig aus: Internationale Experten bezifferten die voraussichtliche Zunahme des britischen Bruttoinlandprodukts gegenüber dem Vorjahr mit nur 1,6 Prozent (Irland: 6,7 Prozent).

So stehen sich zwei Lager gegenüber, denen es beiden nicht an Argumenten mangelt. Die einen verlangen Reformen und eine allmähliche Integration Großbritanniens in den Euro-Club, weil nur so eine langfristige Stabilität zu erreichen sei; die anderen nehmen das, was unter der Regierung Margaret Thatchers geleistet wurde, zum Maßstab und prophezeien eine Katastrophe, falls Großbritannien einem paneuropäischen Gebilde zuliebe (sie finden es schlimm genug, dass es unter dem Ärmelkanal jetzt einen Tunnel gibt) den wichtigsten Teil seiner Souveränität, nämlich die Lenkung seiner Fiskalpolitik, an EU-Institutionen abgibt.

Die Kampagne »Britain in Europe«, mit der Regierungschef Tony Blair Liberale und Konservative im Oktober 1999 ins Boot holte, diente zwar einer Stärkung der Position Großbritanniens in der EU mit dem Ziel, die Einführung des Euro noch weit hinauszuschieben, aber dass ein solcher Tag nie und nimmer eintreten werde, vermochten selbst erzkonservative Politiker wie Clarke und Hazeltine nicht auszuschließen. Die britische Wirtschaft läuft Gefahr, sich von Europa zu isolieren, und das wäre für beide Teile nur nachteilig.

In vielen der großen Parks finden im Sommer zahlreiche Veranstaltungen, Feste und *pageants* statt. Die Einkünfte dienen meist karitativen Zwecken.

Erst Fremde, dann Freunde

Deutsche und Engländer mögen einander besser leiden als oft dargestellt wird. Die herzliche Aufnahme, die Sie bei englischen Familien und Geschäftsfreunden im Allgemeinen finden, die unkonventionelle Art der Kommunikation, die Höflichkeit und Freundlichkeit im Umgang miteinander wurden bereits erwähnt. Wichtig ist für Sie zu erkennen, ob die Herzlichkeit nur eine – wenn auch überzeugend dargebotene – Formsache unter Geschäftsleuten ist, oder ob sie für eine längere Freundschaft taugt.

Beim ersten Kennenlernen sind die Anreden *Sir* und *Madam* durchaus am Platze. Das von uns so ausgiebig praktizierte Händeschütteln bei jeder Begrüßung und bei jedem Abschied kennt man in England nicht. Man wird Ihre ausgestreckte Hand nicht ignorieren, aber Sie sollten sich bald abgewöhnen, jedem spontan die Rechte entgegenzuhalten, den Sie begrüßen. Vor allem der schmerzhaft-feste Händedruck, bei uns Ausdruck besonders inniger Verbundenheit, stößt nicht überall auf Gegenliebe.

Bei den Damen hat sich ein Begrüßungs- und Verabschiedungszeremoniell eingebürgert, bei welchem einem lieben Gast, einem guten Freund die Wange für einen angedeuteten Kuss entboten wird – einen angedeuteten, wohlgemerkt, denn das Küsschen geht beiderseits ins Leere. Die Lippen geben nur ein diesbezügliches Geräusch von sich, die *cheek-to-cheek*-Berührung bleibt unverfänglich dezent, so als wollte man sich beim anderen, hätte jener einen Schnupfen, nicht anstecken. Die Küsschen-Gesellschaft in Frankreich busselt physisch herzhafter.

Vom Nachbarn ein zweites Mal zu einer *cup of tea* – verstümmelt zu einer *cuppa* – eingeladen zu werden, ist möglicherweise der Auftakt zu einer intensiven nachbarschaftlichen oder kollegialen Bindung. Die Engländer gelten als eine Nation der Teetrinker, selbst der hohe Kaffeekonsum dort ändert nichts an dieser Tatsache. Man wird Ihnen bald eine Menge Fragen stellen; bereiten Sie sich darauf vor. Wie denken Sie über den kürzlich aufgedeckten Korruptionsskandal in Brüssel? Über Gen-manipulierte Nahrungsmittel? Über die Privatisierung der Energieversorgung? Halten Sie den Premierminister für einen treusorgenden Ehemann? Wird Liverpool gegen Manchester am Sonntag gewinnen können? Wie viel Einfluss haben bei Ihnen zuhause die Gewerkschaften? Wie hoch ist der jährliche Sauerkrautkonsum in Deutschland?

Stellen Sie mutig Gegenfragen, zum Beispiel zum Verlauf der letztjährigen Ferienreise nach »Europa«, seien Sie ein guter Zuhörer und vermeiden Sie, die Konversation von sich aus auf Konfliktstoffe auszuweiten, die nicht Ihre »Baustelle« sind, etwa Nordirland oder die Falklandinseln betreffend.

Eine multikulturelle Nation

Benimmt sich in den Augen eines Engländers einer seiner Landsleute »unenglisch«, hat er hierfür drei Erklärungen parat: Der Betreffende ist ein Schotte. Der Betreffende ist ein Ire. Der betreffende ist Waliser. In jedem der drei Fälle überwiegt bei ihm die keltische Erbmasse. Dass die Engländer sich mit ihren Nachbarn zuweilen arrangieren müssen, fällt ihnen nicht immer leicht.

Un-english behaviour ist durchaus nicht mit »schlechtem Benehmen« gleichzusetzen. Aber so, wie die Bayern und die Preußen, die Zürcher und die Appenzeller, die Wiener und die Tiroler einander durch den sprichwörtlichen Kakao ziehen, pflegen die Engländer gern ihre Vorurteile gegenüber ihren Landsleuten im Westen und im Norden. Dennoch sind die Engländer stolz auf »ihren« berühmten Literaten George Bernhard Shaw aus Irland, auf einen in Schottland gebürtigen Rennfahrer und Formel-1-Weltmeister Jackie Stewart und einen Tom Jones, der wie Liz Taylors Ehemann Richard Burton aus Wales stammt.

Die Vertreter der verschiedenen politischen Lager – Konservative, Liberale und Anhänger der New Labour – tragen ihre Kontroversen mit Leidenschaft in den Medien aus. Der BBC überträgt gern endlos lange Unterhausdebatten und Interviews mit wichtigen Persönlichkeiten aus allen Ressorts. Zunehmenden Einfluss üben Englands »Grüne« aus; die Greenpeace-Organisation und etliche weitere Naturschutzbündnisse stellen in England heute politische Faktoren beachtlichen Ausmaßes dar.

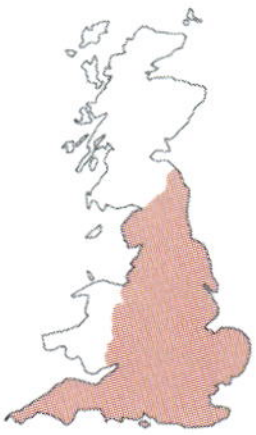

Auch als Gastbürger kommen Sie nicht umhin, sich schon bald mit innenpolitischen Tagesfragen zu beschäftigen. Im Laufe der Zeit bekommen Sie mit, wer von Ihren einheimischen Freunden, Nachbarn und anderen Mitmenschen der einen oder der anderen Weltanschauung zugetan ist. Und je kleiner die Gemeinde, desto eher werden Sie auch lokalpolitische Gewichtungen registrieren.

Je später der Abend, desto mehr sind sich die Teilnehmer aller Debatten einig: Sir Winston Churchill, wird man Ihnen einhellig versichern, war noch immer der klügste, fähigste und beste aller britischen Staatslenker. Wem Platz zwei gebührt, lässt sich vor Kneipenschluss meist nicht mehr eindeutig klären. Manche plädieren für die Eiserne Lady Margret Thatcher, andere favorisieren Heinrich VIII.

Konfessionsfragen sind kaum ein Thema; England ist nicht Irland. Rund 80 Prozent der Bevölkerung Englands gehören der Church of England (Anglikanische Kirche) an, etwa zehn Prozent sind katholischen Glaubens. Es findet indes eine allmähliche Verschiebung dieser Verhältnisse durch kontinuierliche Zunahme von Einwanderern statt; die Zahl islamischer und anderer nichtchristlicher Glaubensgemeinschaften hat sich in den letzten Jahren vervielfacht – allerdings mehr in den Großstädten als auf dem Lande. Großbritannien hat sich zu einer multikulturellen Nation entwickelt.

Amts- und Würdenträger

Staatlichen Institutionen oder Uniformträgern aller Art zollt der Brite längst nicht jenen Respekt, wie ihn Amtstitel oder dekoratives Tuch vermuten lassen könnten. Die von der Gemeinde eingesetzte *meter maid*, zuständig fürs Kontrollieren der Parkuhren, könnte ihrem Outfit nach zwar einen höheren Offiziersrang bekleiden, ebenso der Wachmann am Eingang eines Warenhauses in Liverpool, doch am liebsten ist der Engländer ein unauffälliger Zivilist, allenfalls mit Regenschirm und einer zusammengefalteten »Times« bewaffnet. Viel besser als durch eine schmucke Uniform ist der *Wing Commander* der Royal Air Force an seinem exzentrisch gezwirbelten Riesenschnauzbart zu erkennen, und wenn die wackere *Horse Guard* mit ihren Bärenfellmützen über den TV-Bildschirm reitet, gilt das Interesse der fernsehschauenden Engländer meist mehr den Pferden oder den Royalties auf dem Balkon des Buckingham Palace, an welchem die rotberockte Elitetruppe so theatralisch vorüberreitet.

Einen *Commander* oder *Colonel*, auch wenn er bereits mehrere Jahrzehnte a. D. ist, mit seinem militärischen Dienstgrad anzureden, ist indessen eine durchaus übliche Gepflogenheit. Das Land ehrt und verehrt seine Veteranen sehr. Träger akademischer Titel hingegen scheinen weniger Wert darauf zu legen, mit diesen angesprochen zu werden. Wenn Sie mit einem Dr John Watson (in neuer englischer Schreibweise ohne Pünktchen) bekannt gemacht werden, ist er vermutlich Arzt, und dann ist er für Sie *Doctor*, so wir Ihr Gastgeber von jedermann eben mit Kevin oder Richard angesprochen wird. Den Doktortitel eines Philologen, Naturwissenschaftlers oder Juristen finden Sie höchstens auf der Visitenkarte Ihres Gesprächspartners, der Ihnen zunächst als Mr Appleby (ebenfalls ohne Pünktchen) vorgestellt wird, Ihnen aber schon beim ersten Glas Sherry seinen Vornamen nennt, selbst wenn er Ihr künftiger Chef ist. Solange er keinen Vortrag in einem Wirtschaftsclub hält, tut sein Doktortitel ebenso wenig zur Sache wie ein BA oder MA oder ein anderes Kürzel, das ein *degree* kennzeichnet. Der Herr Ingenieur oder Herr Diplomkaufmann hat in England wenig Chancen, die Ehre einer solchen Anrede zu genießen. Ordnen Sie das unter der Rubrik *understatement* ein!

Umgangformen im Alltag

Sie werden es bemerkt haben: Zwei der meistgebrauchten Wörter im Englischen sind *thank you*. Sie bedeuten nicht nur »danke«, sondern werden ebenso oft dort verwendet, wo wir »bitte« sagen würden. Der Engländer bedankt sich außerordentlich oft, beispielsweise nicht nur für die Ware, die er beim Einkaufen erhält, sondern auch dafür, dass er der Verkäuferin den Geldschein oder die Kreditkarte in die Hand geben darf. Und wenn der Kunde die Karte oder das Wechselgeld zurückerhält, sagen beide wieder *thank you*. Und ein angehängtes *my dear, Sir* oder *Madam* macht die, denen es gilt, noch froher.

Sehr oft werden auch die Floskeln *please* und *excuse me* verwendet. Die Frage »Können Sie mir sagen, wo die Kirchenstraße ist?« würde der in Deutschland also Angesprochene nicht unbedingt als unhöflich empfinden. Aber in England gehört ein vorangestelltes *please* oder besser *excuse me* unbedingt dazu. Es lassen sich viele Anlässe beobachten, bei denen ein *please*, ein *thank you*, ein *excuse me* oder *sorry* unverzichtbare Bestandteile der verbalen Kommunikation darstellen. Ähnlich wie das *thank you* lässt sich auch das *sorry* wechselseitig verwenden: Nicht nur die kurzsichtige alte Dame, von der Sie im Supermarkt mittels ihres Einkaufswagens voller Katzenfutterdosen rücklings zu Boden gebracht wurden, haucht Ihnen ein aufrichtig gemeintes *I am so sorry, Sir* zu – auch an Ihnen ist es, ein ebenso ehrliches *sorry, Madam* noch im Liegen zu erwidern: Als Ausdruck Ihres Bedauerns, sich ihr in den Weg gestellt zu haben (ein *thank you* Ihrerseits würde, solange Sie sich noch am Boden krümmen, allerdings zu Irritationen führen). Auch die Umstehenden werden ihr »sorry« oder »are you allright, Sir?« beitragen, selbst wenn Ihnen mehrere Gliedmaßen abgetrennt worden sein sollten, und die von Ihnen erwartete Antwort sollte: »Oh, I'm perfectly allright, honestly,« lauten. Ein paar *sorrys* und *thankyous* können Sie folgen lassen, wenn die Leute von der Ambulanz Sie auf der Bahre forttragen.

Die Filmkomiker Monty Python oder Mr Bean, so grell überzeichnet sie uns präsentiert werden, sind klassische Prototypen ihrer Landsleute. Sehen Sie sich ihre Filme an und entdecken Sie die Normalität, die ihrer Komik zugrunde liegt. Englische Normalität natürlich.

Do you speak English?

Wie Sie den voranstehenden Ausführungen entnehmen können, werden Sie kaum umhinkommen, die Landessprache zu lernen, wenn Sie vorhaben, sich auf Dauer oder doch über längere Zeit in England aufzuhalten. Glauben Sie nicht, dass Sie mit Deutsch irgendwo auch nur ansatzweise Chancen hätten.

Mancher Engländer gibt bereitwillig zu, dass er sehr bedauert, keine weitere Sprache außer der seinen zu beherrschen, und obwohl Deutsch oder Französisch an Gymnasien und Gesamtschulen gelehrt werden, werden sie in der Realität nicht gesprochen. Englisch ist schließlich die Weltsprache, und deshalb können Engländer sich ja überall auf der Welt in ihrer eigenen Sprache verständlich machen.

Niemand wird von Ihnen erwarten, dass Sie über kurz oder lang Englisch perfekt beherrschen (das ist nicht einmal bei vielen Briten der Fall). Die Häufigkeit, mit der englische Ausdrücke auch in diesem Buch verwendet werden, macht jedoch deutlich, wie sehr man gewisse Anfangskenntnisse bei Ihnen bereits voraussetzt.

Da Englisch an deutschen Schulen die meist unterrichtete Fremdsprache und für uns leichter als jede romanische Sprache erlernbar ist, haben selbst weniger Sprachbegabte gute Chancen. Selbst in kleineren Städten werden Englischkurse angeboten, in denen Sie sich vervollkommnen können. Neben Ihnen drücken vermutlich Pakistani, Somalier, Bosnier, Japaner, Libanesen die Schulbank. Und wohl auch ein paar deutsche Landsleute, die Firmen wie Siemens, Mannesmann, BMW oder ein Bankinstitut herübergeschickt haben.

Grundkenntnisse im Englischen mögen Ihnen ausreichen, um Gemüse oder Getränke einzukaufen, sich nach der Adresse eines Zahnarztes zu erkundigen oder der *waitress* zu erklären, dass Sie Ihr Steak lieber *well done* hätten (*thank you*, wenn sie's notiert hat). Wichtiger aber ist, dass Sie im Baumarkt Ihre Frage nach Kreuzschlitzschrauben oder im Haushaltsgeschäft nach Staubsaugerbeuteln formulieren können. Schließlich sollten Sie auch das beim Kauf einer Immobilie relevante Vokabular beherrschen; ein wenig Schützenhilfe hierzu finden Sie in diesem Buch im Kapitel »ABC der Fachausdrücke«).

Und wenn Sie einem Gespräch am Tresen ganz und gar nicht mehr folgen können, obwohl Sie seit Monaten dabei sind, intensiv Englisch zu lernen – dann wird es sich wohl um einen der zahlreichen County- oder Dorfdialekte handeln, hinter dessen linguistische Geheimnisse Sie erst kommen, wenn Sie ein, zwei Jahre in jener Gegend gelebt haben. Im Allgemeinen ist der Engländer aber bestrebt, ein »sauberes« Englisch zu sprechen.

Umgangsenglisch für den Haus- und Nachbarschaftsgebrauch bekommen Sie beinahe automatisch mit, wenn Sie sich längere Zeit im Lande aufhalten, und wenn Sie sich ein wenig Mühe geben, Vokabeln zu lernen, werden Ihre Unterhaltungen sicher immer flüssiger. Vor allem kommt es auf Wörter an, die der Lehrplan Ihrer Abendschule vermutlich nicht zum Inhalt hat – etwa Dunstabzugshaube, Altglascontainer oder Unterschriftsvollmacht. Ein umfangreiches, aktuelles Wörterbuch ist unentbehrlich. Und was die korrekte Aussprache betrifft, so gibt es ja Video- und Hörkassetten, zum Beispiel von Berlitz oder Langenscheidt, die Ihre Bemühungen um das Erlernen der englischen Sprache bestens unterstützen. Deren Vorteil: Man muss nicht zu bestimmten, festgesetzten Zeiten außer Haus, sondern teilt sich sein Lernprogramm selbst ein. Ein 14-tägiger Crashkurs an einer anerkannten Schule mit acht bis zehn Stunden pro Tag kostet Sie etwa umgerechnet 800 Mark.

Wichtig ist, dass Sie sich mit typischen und oft verwendeten Redensarten auskennen. *»To spend a penny«*, bedeutet nichts weiter, als mal eben die Toilette aufsuchen zu müssen, *»pulling one's leg«* heißt, jemanden zu necken, und *»not my cup of tea«* heißt, dass jemand für eine Sache nicht zuständig ist. In manchen Unterhaltungen hagelt es solche Redensarten geradezu. Amerikanisches Englisch zu sprechen, gilt als unfein. Es heißt nun einmal *boot* und nicht *trunk* (Kofferraum), *solicitor* und nicht *attorney* (Anwalt). Auch bei den Maßeinheiten Pfund und Gallone gibt es Unterschiede.

Sie werden vielleicht auch nicht gleich hinter den Bedeutung von Abkürzungen kommen, die Ihnen beim Studium von Kleinanzeigen begegnen. *WLTM* heißt *»would like to meet«* (würde gerne kennen lernen), *ASAP*: *»as soon as possible«* (so bald wie möglich), *GSOH*: *»good sense of humour«* (viel Sinn für Humor, z. B. bei Bekanntschaftsanzeigen), *OA*: *»on application«* (auf Nachfrage), *ONO*: *»or nearest offer«* (oder nahes Angebot, bei Verkaufsanzeigen), *NROR*: *»no reasonable offer refused«* (nehme jedes vernünftige Gebot an). Und falls Sie mit *2YK* noch nichts anzufangen wussten: Das bedeutet *Year 2000*. Das K für 1000 wird häufig verwendet. Achtung bei großen Zahlen: *a billion* ist nicht eine Billion, sondern »nur« eine Milliarde.

Klima, Wetter, Jahreszeiten

Das Wetter: Ein Gesprächsthema in England von hohem Unterhaltungswert. Selbst für jemanden, der die englische Sprache (noch) nicht perfekt beherrscht. Interessant ist das Thema vor allem, weil das Wetter selten auch nur mit annähernder Genauigkeit vorauszusagen ist – es ändert sich permanent. Jede meteorologische Variante, sofern auch nur so gut wie niederschlagsfrei, bezeichnen die Engländer als *fair* oder *nice*. Aber es regnet in ihrem Lande bei weitem nicht so oft, wie mitunter behauptet wird, wenngleich die Niederschlagsmengen natürlich höher sind als an der Costa del Sol.

Eisig kalte Winter mit viel Schnee und klirrendem Frost kennt man in England nicht. Fällt einmal Schnee, so hält er sich kaum länger als ein, zwei Tage. Minustemperaturen gehören im Flachland zu den seltenen Phänomenen. Der Temperaturausgleich zwischen Land und Meer lässt die kalte Jahreszeit mild ausfallen; selbst im Januar sinkt die Durchschnittstemperatur selten unter +6 Grad Celsius.

Zum Westen hin sind Niederschläge häufiger und stärker. Im Osten des Landes fallen durchschnittlich aber nur 650 bis 700 mm Niederschlag pro Jahr. Nebelbildung kennt man in ganz England, weil meist eine hohe Luftfeuchtigkeit herrscht; im Westen und Südwesten aber sorgt der Wind dafür, dass sich der Nebel nicht allzu lange halten kann. Dick wie die sprichwörtliche Erbsensuppe ist der Nebel meist nur in London und Umgebung. Dort mischt er sich mit dem Großstadtsmog und macht nicht nur den Autofahrern Schwierigkeiten, sondern vor allem Menschen mit anfälligen Atemwegen.

Die Bekämpfung des Smogs im Bereich britischer Großstädte gehört seit Jahren zu den Maßnahmen, die Priorität genießen. Das in vielen Gemeinden Anfang der Sechzigerjahre erlassene Verbot, offene Kamine zu beheizen (*»smoke-free zones act«*), hat die Emissionswerte zwar mess- und spürbar gesenkt, aber der Schadstoffausstoß durch die Industrie wird in den Ballungsgebieten von Greater London oder in den West Midlands nur sehr langsam abgebaut. Und weil der Gütertransport auf Englands Hauptverkehrswegen stark zunimmt, sind Abgas- (und Lärm-)belästigungen nicht selten ein Anlass für Anlieger,

sich ein weiter abgelegenes und damit in jeder Beziehung angenehmeres Domizil zu suchen.

Im Frühjahr und im Sommer entspricht das Wetter ungefähr dem Norddeutschlands. Die allabendlich im Fernsehen ausgestrahlte Großwetterlage lässt dies deutlich erkennen. Fällt in England der Sommer extrem trocken aus, verhält er sich in Niedersachsen, Nordrhein-Westfalen oder Schleswig-Holstein meist ebenso. Bei atlantischen Sturmtiefs ist es ähnlich, wenngleich die Briten (und erst recht die Iren) stürmischen Vehemenzen meist stärker ausgesetzt sind als ihre kontinentaleuropäischen Nachbarn.

Eine Besonderheit, von der Südirland und die Bretagne ebenso profitieren wie der Südwesten und Süden Englands, ist das durch den Golfstrom beeinflusste milde Klima. Es hat eine geradezu mediterrane Vegetation zur Folge. In Gegenden, die hiervon profitieren, lebt sich's natürlich sehr angenehm. Anglophil veranlagte Menschen mit zugleich starkem Bedürfnis für die Segnungen südlicher Klimata werden deshalb an der Küste Cornwalls, in der Gegend von Bournemouth oder auf der Isle of Wight am glücklichsten.

Linke Seite: Das milde Golfstrom-Klima bringt vor allem den Süden Englands zum Blühen.

Durchschnittstemperaturen

	in den Midlands	an der Südküste
Januar – Februar	7	10
März – April	13	16
Mai – Juni	20	22
Juli – August	21	23
September – Oktober	14	17
November – Dezember	6	9

Engländer, denen daran liegt, dass ihnen der Gesprächsstoff nicht ausgeht, kennen die Telefonnummer 0891-500-401. Unter dieser Nummer erhält man überall im Lande Wetterinformationen, von Stunde zu Stunde aktualisiert.

Breakfast, Lunch und Dinner

Für Chris Beecham und seine Kollegin Sarah Osmere beginnt der Tag etwas später als in Deutschland. Warum sollten sie vor 8 Uhr morgens das Haus verlassen? Irgend ein Geschäft zu finden, das bereits um diese Zeit geöffnet hätte, dürfte schwer fallen. Höchstens der *news agent* (Zeitungsladen) und der *corner store* (kleiner Lebensmittelladen) machen eine Ausnahme. In den meisten Büros beginnt der Betrieb nicht vor 9:00 oder 9:30 Uhr, in Werkstätten um 8:00 oder 8:30 Uhr. Viele Geschäfte öffnen erst um 10:00 oder gar 10:30 Uhr.

An jedem Arbeitsplatz zwischen Penzance und Berwick gilt die erste Amtshandlung am Morgen der Inbetriebnahme des Wasserkochers. Denn *tea time* ist immer und überall – ohne eine Tasse Tee (*white and with sugar? – thank you!*) geht nichts. In früheren Zeiten war das Ritual der gewerkschaftlich durchgesetzten Teepause gleichbedeutend mit einer Unterbrechung der Arbeit; das gibt es nur noch in Ausnahmefällen. Der *mug* (Pott Tee) steht also jederzeit irgendwo in Reichweite, nachgefüllt wird bei Bedarf.

Mit einem *full English* oder auch *cooked breakfast*, das uns Kontinentaleuropäern so imponiert, beginnt nicht jeder Engländer seinen Tag, bevor er das Haus verlässt. Viele Berufstätige kippen zwischen Badezimmer- und Haustür hastig ihren Kaffee hinunter, ehe sie zum *commuter* (Vorortzug) sprinten, oder sie bekennen sich zur Müsli-Sekte und verzehren statt einer gewaltigen Portion *ham and eggs and kippers and mushrooms and toast* nur ein paar Esslöffel Cornflakes mit geschnipselter Obstbeilage plus Yoghurt.

Rechte Seite: Stilecht speisen: Pub in Evesham, unweit Stratford-upon-Avon.

Der am Morgen geübte Verzicht auf Nahrungszuführung wird in aller Regel mittags zwischen halb eins und halb zwei bestens ausgeglichen. *I'm just popping out for lunch* (Ich bin nur mal eben kurz zum Lunch weg) klingt bei Chris Beecham so,

als sei er in zehn Minuten wieder zurück. Aber dann wird es doch eine Stunde, denn allein schon der Bestellvorgang für die Portion Pommes und die Riesenscampi mit Sour Cream dauert dreißig Minuten, weil genau zur selben Zeit drei Dutzend Gleichhungriger der Küche im »The Bear and His Ragged Staff« ähnlich lautende Aufträge erteilen. Das mit dem kurzen *pop out* funktioniert nur bei denen, die sich in der Fast-Food-Salatbar nebenan mit einem Schinken- oder Käsesandwich versorgen, es in transparenter Hartplastikumhüllung mit ins Büro nehmen und dort bei einer *cuppa* zwischen Mausklick und der nächsten E-Mail herunterschlingen. Wer eine solide Frühstücksgrundlage hat, bei dem hält das bis zum Abend vor.

In gepflegten Landhaushalten spielt sich der Lunch nicht ganz so frugal ab, aber ein »ordentliches Mittagessen« ist es meist auch nicht. Die Hauptmahlzeit wird als *dinner* oder *supper* abends eingenommen.

In den Büros wird bis 5 oder 6 Uhr gearbeitet. Freitags früher Schluss zu machen, ist, wie bei uns auch, üblich geworden. Die Läden schließen zu sehr verschiedenen Tageszeiten (ihre Öffnungszeiten stehen nicht immer an der Ladentür), aber sie haben samstags meist ebenso lange auf wie an den anderen Werktagen, viele auch am Sonntagvormittag.

Im großen und ganzen entspricht Chris' und Sarahs Tagesrhythmus also dem bei uns. Sonntags wird ein wenig länger geschlafen, der Garten besorgt, am Haus gewerkelt oder am Rasenmäher gebastelt. Oder man fährt mit Familie, Picknickkorb und Klappstühlen an die See, in einen Safaripark oder zu einem Oldtimer-Bergrennen. Auch wenn der angekündigte Tiefausläufer wieder einmal für die sonntagstypische Intensivdurchfeuchtung sorgt. *»Well, not too bad...«*, wird Chris antworten, sollte er am nächsten Morgen von Sarah gefragt werden, wie das Wetter am Ausflugsziel gewesen sei. War's schön sonnig, könnte die Antwort auch lauten: *»It was terribly hot«*...

Arm und reich

Es könnte Ihren soeben kennen gelernten Gesprächspartner auf der Party Ihres Chefs in Verlegenheit bringen, nach seinem Beruf (*occupation*) oder Geschäftsgegenstand (*business*) gefragt zu werden. Mit einem noch so höflich formulierten »Mir macht es viel Spaß, bei XY als Vertriebsleiter zu arbeiten – und was machen Sie…?«, laufen Sie Gefahr, mitten im Fettnäpfchen zu landen (*to drop a brick*, wie es hier heißt). Ihr Vis-á-vis müsste Ihnen nämlich eventuell die Antwort schuldig bleiben, denn er macht – nichts. Möglicherweise antwortet er aber auch: »Ich sammle Cabernet- Sauvignon« oder »Ich verwalte den Besitz meiner Familie.«

Das wohlhabende Bürgertum, der hohe und der niedere Adel (*nobility and gentry*) genießt in England wie nirgendwo sonst in Europa eine Immunität besonderer Art. Niemand neidet den Honourables und Lordschaften ihren Reichtum, der ihnen ja auch einige Sorgen bereiten kann, vor allem dann,

Klein, aber mein: Auf dem Land stößt man nicht nur auf Herrensitze, sondern auch auf Cottages im Kleinformat.

wenn er auf die nächste Generation übergeht. Die Höhe der Erbschaftssteuer ist die größte Bürde der britischen Aristokratie.

Ganz gleich, ob Adel oder Bürgertum: Wo in England Geld ist, das denen, die es besitzen, die Ausübung eines Berufs (in herkömmlicher Definition) erspart – da ist meist viel Geld. Die Annahme, dass alle reich geborenen Engländer grundsätzlich keiner sinnvollen Tätigkeit nachgingen, stimmt jedoch nicht. Viele von ihnen haben in der Wissenschaft, in der Politik, im Geschäftsleben oder in der Literatur herausragende Leistungen vollbracht. Vor allem aber müssen sie heutzutage die Dienste cleverer Finanzberater in Anspruch nehmen, wenn sie ihr ererbtes Besitztum über die Runden bringen wollen.

Adel und Bürgertum sind sich nach dem Zweiten Weltkrieg sehr viel näher gekommen, nicht zuletzt durch die Schulen, die ihre Kinder gemeinsam besuchen. Die politische Elitebildung ist zwar längst kein Privileg der berühmten Bildungsghettos wie Harrow oder Eton mehr, doch lässt die Qualität des Unterrichts an öffentlichen Schulen manchmal einiges zu wünschen übrig. Nicht zuletzt aus diesem Grund schicken viele Eltern ihre Sprösslinge auf eine *Boarding School* (Internat), weil sie der Überzeugung sind, dass die Erziehung dort besser sei.

Das Bürgertum oder, moderner ausgedrückt, der Mittelstand in England darf in vieler Hinsicht als weniger anspruchsvoll im Vergleich zum Mittelstand in Deutschland gelten. Die schon aus gesellschaftlichen Zwängen alljährlich gebuchte Fernreise in die Tropen, die Vollausstattung aller Kinderzimmer mit elektronischem Spielzeug oder die High-Tech-Küche mit Induktionskochplatte sind in England kein Thema. Weiter vorn rangieren dafür das eigene Häuschen mit Garten, zwei Dutzend Flaschen australischen Weißweins in der Garage und die Mitgliedschaft im Croquet-Club oder in einem karitativ tätigen Gemeindezirkel.

England ist recht stolz darauf, die Arbeitslosenzahl kontinuierlich abgebaut zu haben. Aber die Ankündigung etlicher Megakonzerne, in absehbarer Zeit viele Tausend Arbeitsplätze einzusparen, lässt einen Wiederanstieg der Kurve befürchten. Als Industrienation unterliegt das Land den gleichen Kriterien, wie sie im übrigen Westeuropa gelten, und so nimmt die Orientierung zum Handel und zur Intensivierung aller Dienstleistungsangebote eine immer stärkere Ausprägung an.

Wo es sehr wohlhabende Menschen gibt, akzentuiert sich Mittellosigkeit um so stärker. Armut und Entbehrung definieren sich in England aber anders als in Deutschland, weil es unterschiedliche soziale Strukturen gibt sowie eine immense Zahl von kleinen und großen Benefiz-Institutionen (*charity funds*), die in Not Geratenen helfen.

Die ältere und die jüngere Generation

Wie überall in Europa, liegt auch in England die Lebenserwartung heute erheblich höher als noch vor zehn oder gar zwanzig Jahren, und sie nimmt stetig zu. Das bedeutet: Es gibt immer mehr ältere Menschen. Hierdurch und durch Abwanderung jüngerer Menschen in die Städte liegt der Durchschnitt der Altersstruktur auf dem Lande heute bei 60 Jahren.

Denn junge Engländer zieht es in die Städte oder in Gebiete mit einer dichten Infrastruktur – ganz einfach, weil sie hier bessere Berufschancen haben. Auf dem Lande zu wohnen können sich nur jene erlauben, die eine längere Anfahrt zur Arbeitsstelle in Kauf nehmen.

An immer mehr Positionen mit relativ weitem Verantwortungsbereich trifft man heute auf Menschen unter 25 Jahren. Englands Industrie- und Wirtschaftsunternehmen versprechen sich von ihren Jungdynamikern neue, unkonventionelle Impulse. Entsprechend nonkonformistisch sind Umgangston und -formen im unteren Management geworden. Die ältere Generation tut sich nicht immer ganz leicht, daran anzuschließen und begrüßt einander immer noch lieber mit einem *»good morning«* statt mit einem *»hi«*.

Die Generation unter dreißig prägt zunehmend den Lebensstil Englands. In ihrem Konsumverhalten, im Adaptieren internationaler Modetrends und in einem unprätentiösen Bekenntnis zur Notwendigkeit ökonomischer Erneuerungen trägt sie zu Veränderungen bei, wie sie auch andernorts in Europa stattfinden.

Ältere Menschen in England pflegen ihre Traditionen und leben ihrer Erziehung gemäß wie eh und je. Sie werfen ungern etwas weg, weil man eines Tages dafür ja noch Verwendung haben könnte, und sie fahren ihr Auto älteren Baujahrs mit der Begründung, dass es ihnen ans Herz gewachsen sei. England ist aus diesem Grund ein Paradies für Antiquitätenliebhaber. »Das haben wir schon immer so gemacht« ist ein gern benutztes Argument der Älteren, dem meist ein Nachsatz wie: » – und es hat sich bestens bewährt!«, folgt.

Den Senioren gewähren zahlreiche Institutionen besonderes Entgegenkommen. Sie reichen von Vergünstigungen bei Eintrittspreisen und Fahrkarten bis zu speziellen Kreditkarten, die ihren Inhabern bis zu 25 Prozent Ermäßigung in Hotels und Restaurants einräumen.

Entdecken Sie die Reize der Countryside

Großbritannien hat eine Flächenausdehnung von gut 244.000 Quadratkilometern und erstreckt sich über zehn Breitengrade. Mehr als 80 Prozent aller Menschen leben in Städten und größeren Ortschaften, deren Areale aber nur etwas über 10 Prozent der Gesamtfläche des Landes ausmachen. Kein Wunder, dass der Begriff *country* eine so große Bedeutung genießt – umfasst er doch 90 Prozent Großbritanniens.

Bleiben wir in England. Die nördlichste englische Grafschaft (*County* oder *Shire*), an Schottland grenzend, ist Northumberland, die südlichste Cornwall. Vom südwestlichsten bis zum nordöstlichsten Zipfel sind es rund 730 Kilometer Luftlinie, in Nord–Südrichtung ist es etwa dieselbe Distanz.

Die Shires mit ihren Land- und Stadtbezirken stellen ein in Großbritannien übliches Verwaltungsgefüge dar, das sich mit dem der Départements in Frankreich vergleichen lässt. Nicht eingegliederte Städte bilden Stadtgrafschaften, *Boroughs* genannt. Das britische Postleitzahlsystem macht eine Bezeichnung des *Countys* auf der Briefanschrift eigentlich überflüssig, und dennoch fehlt sie nie.

Nach einigen Reisen nach und in England stellt sich einem natürlich jene grundsätzliche Frage, die nur schwer zu

Die Shires in England (Verwaltungsstadt)

Bedfordshire (Bedford)
Berkshire (Reading)
Buckinghamshire (Aylesbury)
Cambridgeshire (Cambridge)
Cheshire (Chester)
Cornwall (Bodmin)
Cumberland (Carlisle)
Derbyshire (Derby)
Devonshire (Exeter)
Dorsetshire (Dorchester)
Isle of Ely (March)
Essex (Chelmsford)
Gloucestershire (Gloucester)
Hampshire (Winchester)
Herefordshire (Hereford)
Hertfordshire (Hertford)
Huntingtonshire (Huntington)
Kent (Maidstone)
Lancashire (Preston)
Leicestershire (Leicester)
Lincolnshire (Lincoln)
Middlesex (Brentford)
Norfolk (Norwich)
Northamptonshire (Northampton)
Northumberland (Newastle/Tyne)
Nottinghamshire (Nottingham)
Oxfordshire (Oxford)
Rutlandshire (Oakham)
Shropshire (Shrewbury)
Somerset (Taunton)
Staffordshire (Stafford)
East Suffolk (Ipswich)
Surrey (Guildford)
East Sussex (Lewes)
West Sussex (Chichester)
Warwickshire (Warwick)
Westmorland (Appleby)
Isle of Wight (Newport)
Wiltshire (Salisbury)
Worcestershire (Worcester)
East Yorkshire (Beverley)
North Yorkshire (Northallerton)
West Yorkshire (Wakefield)

beantworten ist: Wo gefällt es mir am besten, in welcher Region könnte ich mich auf Dauer besonders wohl fühlen? Was ist meiner Gesundheit zuträglicher: das Binnenland oder die Meeresluft?

Jedes *Shire*, jedes Fleckchen kann für den, der es aus bestimmten Gründen liebt, das attraktivste ganz Englands sein. Einige Landschaftsbilder weichen stark von einander ab; die leicht hügelige, stark von der Landwirtschaft geprägten Gegenden von Wiltshire oder Somerset haben nur wenig mit den flachen Norfolk Broads im Osten gemein; die gepflegten Parkszenarien von Dorset und West Sussex mit ihrer von den klimatischen Auswirkungen des Golfstroms verwöhnten Botanik stehen in Kontrast zum eher spröden Lancashire oder rauen, dennoch äußerst romantischen Cumbria im Norden. Und die weiten, mit Kornfeldern durchsetzten Ebenen Lincolnshires haben genauso ihre Reize wie die schroffen Küsten drunten am Land's End, wo England wirklich »zu Ende« ist.

So lassen sich auch schwerlich Feststellungen treffen, wo es eindeutig am schönsten ist. Es wäre wenig objektiv, würde man East Anglia, den Peak District oder die Chiltern Hills weniger reizvoll als die Cotswolds, die Malvern Heights oder den New Forest bezeichnen. Zweifellos ist den Küsten, aber auch den Saumlandschaften vieler Flüsse ein eigener Charme zu eigen. Die Kanalküste zwischen Folkstone und Falmouth beispielsweise bietet demjenigen, der die Nähe zum Meer sucht, auf einer Straßenlänge von mehr als mehr als 600 Kilometern eine große Zahl von Plätzen, die intensiver Prüfung lohnen.

Sofern Sie sich in der Standortfrage noch nicht festgelegt haben, sollten Sie mehrere ausgedehnte Entdeckungsfahrten unternehmen und eine Menge guter Landkarten mitnehmen.

Mit dem Auto unterwegs

Das Straßennetz Großbritanniens ist zum überwiegenden Teil in einem ganz ausgezeichneten Zustand, wovon Sie sich vermutlich längst selbst überzeugt haben. Waren Sie bisher mit ihrem linksgelenkten Auto unterwegs, so hatten Sie anfangs wahrscheinlich Schwierigkeiten, sich auf den Linksverkehr einzustellen und beim Überholen – insbesondere auf nicht mehrspurigen Straßen – den geeigneten Moment zum Ausscheren abzupassen. Beim Fahren eines Rechtslenkers (z. B. Leihwagen) gab es dann ein anderes Problem: Die Gewöhnung, mit der linken Hand zu schalten, sofern der Wagen keine Getriebeautomatik hatte.

So oder so bedarf es einer Gewöhnung an den Linksverkehr und an die Rechtslenkung. Viele Autofahrer vom Kontinent kommen damit aber schon nach kurzer Zeit zurecht. Sie verursachen nach Auskunft der Automobilclubs auch nicht mehr Unfälle als Briten am Steuer ihrer Rechtslenker.

Eine ganz ausgezeichnete Sache sind die *roundabouts*. Diese Kreisverkehrsinseln gibt es bei allen Ausfahrten der *motorways* (Autobahnen), bei zahlreichen Straßenkreuzungen in Stadt und Land, sogar in kleinen Dörfern. Einer ihrer Vorteile ist die Möglichkeit, wieder umzukehren, im Falle man sich verfahren hat und vorher keine Chance wahrnehmen konnte, den Wagen zu wenden.

Mehr als 6 Millionen in Großbritannien zugelassener Autos hatten Anfang 2000 noch keinen Katalysator und fuhren bisher mit bleihaltigem Benzin. Doch vom Januar 2000 an gibt es an den Zapfsäulen Britanniens nur noch *lead free petrol*. Die Mineralölfirmen bieten für Oldies einen Sprit an, der einen Bleiersatzstoff enthält, LRP (*lead replacement petrol*) genannt, ferner gibt es jede Menge Additive, die Besitzer alter Minis, Bentleys, Vauxhalls oder M.G.s in den Tank ihres Autos schütten können, falls sie durch *moving to lead free* Motorschäden befürchten.

Benzin wird in England seit einiger Zeit nicht mehr gallonenweise, sondern nach Litern abgegeben. Der Liter Super kostete im Januar 2000 umgerechnet DM 2,21, Super-Plus DM 2,71, Diesel DM 2,30. Autofahren ist bei diesen Preisen ein teures Vergnügen. Vor allem genießen Besitzer von Dieselfahrzeugen in dieser Beziehung keinerlei Vorteile.

Das Verhalten des Engländers am Steuer ist ganz und gar nicht als aggressiv, eher als defensiv zu bezeichnen. Man hält sich auf dem Motorway an die Höchstgeschwindigkeit von 70 Meilen pro Stunde (ca. 113 km/h), und wenn ein Zeitgenosse es besonders eilig haben sollte und darauf besteht, mit illegalen 140 oder 160 überholen zu wollen, macht ihm jedermann bereitwillig Platz. Der Versuchung, ihm nachzujagen, unterliegen aber meist nur ausländische Kraftfahrer.

Nicht zuletzt trägt die eher gemächliche Fahrweise der Engländer zu der langen Lebensdauer ihrer Autos bei. Höchstbeanspruchungen werden vermieden. Und auf vielen Landstraßen wird besonders vorsichtig gefahren; sie sind eng und kurvenreich, von hohen Hecken gesäumt und streckenweise auf 30 oder 40 mph limitiert. Etwas höheres Tempo legen hier nur die *lorries* (Lastwagen) vor – oder Sportwagen à la Lotus, Morgan und Aston Martin, deren Lenker am Sonntagmorgen die Abwesenheit des Berufsverkehrs genießen und mal ordentlich aufs Gaspedal treten möchten. Auf den Motorways wird aber häufig »geblitzt« – also Vorsicht!

Telefonieren während der Fahrt ist dem Fahrzeuglenker verboten. Für das Mobiltelefon sollte Ihr Wagen also über eine Freisprechanlage verfügen. Wer mit dem Handy am Ohr erwischt wird, dem droht eine Strafe bis zu £100. Überhaupt empfiehlt es sich sehr, die Regeln einzuhalten: Nichtanlegen des Sitzgurtes kostet £25, Falschparken zwischen £25 und £75, das Missachten des Überholverbots £100 bis £400. Und bis zu £3000 sind bei Alkohol am Steuer fällig. Dabei liegt die Promillegrenze bei einem toleranten Wert von 0,8. Das Nichtbeachten einer roten Ampel kann bis zu £200 kosten.

Einfache oder doppelte gelbe Streifen, die am Straßenrand parallel zum Rinnstein verlaufen, kennzeichnen ein Park- bzw. Halteverbot. Zu welchen Zeiten diese Verbote gelten, steht auf kleinen Schildern am Straßenrand. Parken entgegen der Fahrtrichtung wird fast überall toleriert.

Parkraum ist generell knapp, auch in kleinen Ortschaften, aber es gibt meist gekennzeichnete Parkflächen, auf denen

Liebevoll bewahrt: die Old Filling Station in Colyford.

man sein Auto auch für längere Zeit abstellen kann. In manchen Fällen ist die Parkdauer auf 12 oder 18 Stunden begrenzt.

Die Beschilderung an den Landstraßen und an den *Motorways*, von denen die meisten dreispurig angelegt sind, und auf den *Dual Carriageways* – zweispurige Hauptverkehrsstraßen (*Primary Roads*) der A-Kategorie – ist klar und übersichtlich, oft besser als in Deutschland, Frankreich oder in der Schweiz: Größere Tafeln, leichter erfassbare Symbolik, bessere Typografie. Blaue Tafeln kennzeichnen die *Motorways*, grüne mit gelber Schrift die *Primary Roads*, weiße mit schwarzer Schrift die Gemeindestraßen. Baustellenschilder sind gelbgrundig – und es nimmt nicht wunder, dass auf einigen von ihnen ein höfliches »*Sorry for any delay*« steht. Sie befinden sich in England!

Verkehrsstauungen nimmt der Brite mit Gelassenheit. Und wenn im Winter einmal alles still steht, weil einer der wenigen Schneetage ein Vorankommen so gut wie unmöglich macht (es gibt weder Schneepflüge noch Winterreifen), dauert das Chaos eben ein wenig länger – kein Grund, die Nerven zu verlieren!

Der Partnerclub des ADAC ist die Automobile Association (AA), der des AvD der Royal Automobile Club (RAC). Beide verfügen über ein gutes Servicesystem. Im Pannenfall ist Hilfe telefonisch landesweit unter der Nummer 0800 02 89 018 (AA) oder 0800 82 82 82 (RAC) anzufordern; wer ein Mobiltelefon benutzt, wählt 01622 762 342. Die Nummer für den Polizei- und Unfallnotruf ist 999, per Mobilfunk 112.

Öffentliche Verkehrsmittel, Flugverkehr

Die meisten Engländer bekennen sich mit Leidenschaft zum Autofahren. Dennoch ist man häufig auf die Benutzung öffentlicher Verkehrsmittel angewiesen. Zum einen, weil in vielen Familien kein Zweitwagen vorhanden ist. Zum anderen, weil viele Pendler es in Anbetracht der Verkehrssituation während der berüchtigten *Rush-Hours* (etwa 8:00 bis 9:30 Uhr, 16:30 bis 18:30 Uhr) und wegen der Parkplatzknappheit in den Städten vermeiden, mit dem Auto zur Arbeit zu fahren. Man kommt so oder so zu spät, sei es per Auto oder per Bus und Bahn: Pünktlichkeitsfanatiker haben's in England nicht leicht.

Der morgendliche Vorortbahn- und Busverkehr spielt sich in England nicht anders als in jedem anderen Industrieland ab; würden deren Teilnehmer sämtlich auf ihren eigenen zwei oder vier Rädern zur Arbeit pendeln, wäre es um den Straßenverkehr im Ballungsbereich der Metropolen noch schlimmer bestellt. Die kommunalen und regionalen Bussysteme (wobei man mit *bus* den Doppeldecker, mit *coach* den normalen Bus zu bezeichnen pflegt) erstrecken sich über verhältnismäßig dichte Netze.

Luftverkehr: Immer mehr Geschäftsleute, bei denen der Zeitfaktor ausschlaggebend ist, bedienen sich des innerbritischen Flugnetzes, versorgt von British Airways Franchisern wie Aviaco, BASE, British Regional, Brymon Airways, CityFlyer. GB Airways, Gill Aviation, Loganair, Maersk Air UK oder Sun Air, von denen manche auch ausländische Flughäfen bedienen.

Außer dem Knotenpunkt Heathrow bei London sind weitere internationale Flughäfen in Hauptstadtnähe Gatwick, Stanstead und Luton; wichtige Regionaldestinationen in England sind außerdem Newcastle, Leeds/Bradford, Liverpool, Manchester, Sheffield, Birmingham, Bristol, Cardiff, Southampton, Plymouth und Newquay.

Vom Flughafen zur Stadt nehmen Sie, wie überall auf der Welt, den Zubringerbus oder bedienen sich eines Taxis. Nur sollte man sich über den Tarif vor Antritt der Fahrt erkundigen. Eine Quittung wird vom Taxifahrer in England nur selten verlangt, deshalb führt er im Allgemeinen auch keinen Quittungsblock bei sich, sondern quittiert Ihnen die Summe auf seiner Geschäftskarte. In den Städten gibt es viele kleine Taxiunternehmen, wie Ihnen ein Blick in die *yellow pages* (Gelbe Seiten) verrät. Die Stichworte lauten *Cabs* oder *Mini Cabs*. Einen Wagen auf der Straße heranzuwinken, gelingt einem nur in sehr großen Städten; andernorts ist ausschließlich die telefonische Bestellung üblich.

Rechte Seite: Steamfestivals mit antiken Dampfmaschinen erfreuen sich nicht nur bei Oldtimerfreunden einer großen Beliebtheit.

Für den, der mehr oder weniger regelmäßig nach England fliegt, lohnt ein Buchen mehrerer Flüge rechtzeitig im Voraus mit dem Vorteil, Sparangebote nutzen zu können. Bei einigen Airlines wie Deutsche BA gibt es übrigens interessante Spezialtarife, die nicht jedes Reisebüro offeriert, sofern man nicht ausdrücklich danach fragt.

3. Ihr Traum nimmt Gestalt an

Sich in einer neuen Welt der Gelassenheit und take-it-easy-Mentalität zurecht zu finden, fällt Ihnen um so leichter, je besser Sie darauf vorbereitet sind.

Auch eine Geschäftsidee:
Lavendel-Farm bei Hunstanton (Norfolk).

Wenn Sie sich Ihren Traum, in England zu wohnen, eines Tages endlich erfüllen, dann vermutlich, weil Sie der Routine, bisherigen Verpflichtungen und Zwängen entrinnen möchten. Warum sollten Sie sich neuen Regularien unterordnen? Andererseits fällt Ihnen das Eintauchen in die neue, selbst gewählte Welt um so leichter, je besser Sie sich darauf vorbereiten und sich mit all den Fragen und Prozeduren beschäftigen, die mit Sicherheit auf Sie zukommen werden. Mit Stress muss das nicht viel zu tun haben, und im Übrigen ist das alles eine Frage der Einstellung.

Aufenthaltserlaubnis

Staatsangehörige eines der Mitgliedsstaaten der Europäischen Gemeinschaft benötigen keine Aufenthaltserlaubnis, wenn sie in ein anderes Land der EEC (*European Economic Community*) übersiedeln. Also brauchen Deutsche und Österreicher, die ihren Wohnsitz vorübergehend oder auf Dauer nach Großbritannien verlegen, weder einen Sichtvermerk im Reisepass (Visum) noch eine andere Art von *permit*. Schweizer und andere Bürger aus nicht im europäischen Wirtschaftsraum organisierten Staaten hingegen, die sich länger als drei Monate in Großbritannien aufhalten möchten, können von dieser Regelung keinen Gebrauch machen und müssen sich vom *Home Office* eine Aufenthaltserlaubnis erteilen lassen, und zwar schon vor der Einreise in Großbritannien.

Diese ist aber auch für Deutsche oder Österreicher erforderlich, falls diese als Ehegatten eines Nicht-EEC-Staatsangehörigen in Großbritannien sesshaft werden wollen. Die deutsche Ehefrau eines amerikanischen Staatsbürgers beispielsweise, die sich gemeinsam mit ihrem Mann in England länger als sechs Monate aufhält, muss also wie dieser im *Immigration & Nationality Directorate* des *Home Office* in Croydon (London) ein *residence permit* beantragen; es wird für fünf Jahre erteilt und nach Ablauf dieser Zeit verlängert.

Dokumente wie Pässe, Heiratsurkunden und ggf. Arbeitsverträge sind dem Antrag im Original (keine Fotokopien!) beizufügen.

Einen solchen Antrag stellt man über das zuständige Konsulat, von welchem man auch die entsprechenden Formulare bekommt.

Auf einem EEC1 genannten Formblatt wird gefragt, ob Sie als Arbeitnehmer einer Firma nach Großbritannien kommen oder als Selbstständiger bzw. Freiberufler aktiv werden möchten, ob Sie Rentner, Student oder eine *self-supporting person* sind, die von ihrem Vermögen (*funds*) lebt.

Letzteres wäre nachzuweisen. Die Bearbeitung des Antrags nimmt etwa zwei bis drei Wochen in Anspruch.

Eine polizeiliche Meldepflicht kennt man in England nicht.

Prioritäten setzen: Handwerk hat zwar nicht immer goldenen Boden, nährt dafür aber auch Geist und Seele (Stickmaster beim Anfertigen eines Spazierstocks).

Arbeitsgenehmigung

Wie bei der Aufenthaltserlaubnis verhält es sich auch mit einer ebenfalls nicht mehr erforderlichen Arbeitsgenehmigung. EEC-Bürger können in allen Mitgliedstaaten, also in Großbritannien ohne weiteres bezahlte Tätigkeiten ausüben, sei es im Angestelltenverhältnis oder freiberuflich – Hauptsache, der Fiskus bekommt aus den Einkünften den ihm daraus zustehenden Steueranteil.

Dieser ist, wie auch die Höhe der Sozialabgaben, von Land zu Land unterschiedlich und orientiert sich an diversen Kriterien wie zum Beispiel Familienstand und Einkommenshöhe. In jedem Fall steht es Ihnen frei, sich auch in England als Lohn- oder Gehaltsempfänger Ihr Geld zu verdienen und als Saisonkellner, Friseur, Zahnarzthelfer(in), Reit- oder Deutschlehrer(in) zu verdingen, als Matrose auf einem Ausflugsschiff anzuheuern oder in einer Computerfirma den Posten des Chefprogrammierers anzunehmen.

Selbstständige bzw. freiberufliche Tätigkeit

Sollten Sie zu Ihrem Lebensunterhalt im Gastland Großbritannien eine gewerbliche Arbeit ausüben oder als freiberuflich Tätiger dort Einkünfte haben, werden Sie nicht nur einkommen- und umsatzsteuerpflichtig (siehe nachfolgende Ausführungen), sondern müssen gewissen Formalitäten nachkommen. Das Bundesverwaltungsamt in Köln hat diese in einem Merkblatt für Auslandstätige zusammengefasst, das man sich gegen Voreinsendung von zehn Mark zusenden lassen kann.

Grundsätzlich haben Sie in jedem Mitgliedsstaat der Europäischen Union das Recht, ein Gewerbe auszuüben. In dieser Beziehung sind Sie jedem britischen Staatsbürger gleichgestellt, ganz gleich, ob Sie einen Tischlereibetrieb

Ehemalige Tankstelle zu verkaufen: Hier sind Ideen gefragt.

eröffnen wollen oder Ihr Geld als ambulanter Pressefotograf verdienen möchten. Sie können ein Architekturbüro eröffnen, als Immobilienmakler tätig werden, eine Boutique aufmachen oder einer alten Töpferei zu neuen Umsätzen verhelfen. Ein Gewerbe meldet man im *Companies House* an, das es in jeder Verwaltungsstadt eines *County* gibt; dies erledigt aber auch jeder Steuerberater (*accountant*) oder Rechtsanwalt (*solicitor*) für Sie. Als freiberuflich arbeitender »Einzeltäter«, der keine weiteren Mitarbeiter beschäftigt, bedarf es einer solchen Anmeldung indessen nicht.

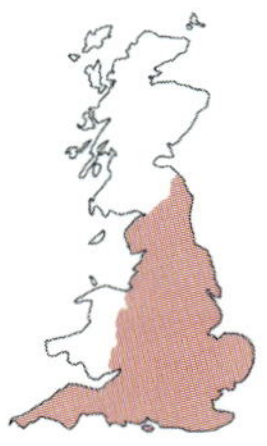

Allerdings bedingt eine Etablierung beispielsweise als Makler oder Architekt den Nachweis der beruflichen Qualifikation. Da es stets auf den Einzelfall ankommt, ist es zweckmäßig, sich wegen verbindlicher Auskünfte an die zuständige Handelskammer (*Chamber of Commerce*) zu wenden. Im Übrigen kann man eine *Business Agency* in Anspruch nehmen, die Teilhaberschaften, Firmenmäntel und andere Arten geschäftlicher Engagements vermittelt und Sie in allen Fragen der beruflichen Existenzgründung berät.

Wofür sich das Finanzamt in Deutschland interessiert

Wenn Sie als Ausländer nur privat in England domizilieren und Ihre Einkünfte außerhalb Großbritanniens – sei es aus freiberuflicher bzw. selbstständiger Tätigkeit (Schriftsteller, Erfinder, Wissenschaftler), als Rentner, Pensionär oder als Nutznießer eines gut angelegten Vermögens – beziehen und außerhalb Englands weiterhin Ihren Hauptwohnsitz beibehalten, ändert sich für Sie in Bezug auf Ihre bisherige Steuerpflicht im Heimatland nichts.

Als Hauptwohnsitz versteht sich der Platz, an welchem Sie sich mehr als sechs Monate – genau: mindestens 183 Tage – im Jahr aufhalten. Wer sich als Deutscher also weniger als 183 Tage im Jahr in Großbritannien aufhält, besitzt – so darf unterstellt werden – nach wie vor in Deutschland seinen Hauptwohnsitz und bleibt demnach in Deutschland ungeachtet seiner Staatsangehörigkeit uneingeschränkt einkommensteuerpflichtig.

Einen Wohnsitz hat nach § 8 der Abgabenordnung (AO) jemand dort, wo er eine Wohnung unter Umständen inne hat, die darauf schließen lassen, dass er sie behält und benutzt, egal wie oft und wie lange. Vom »gewöhnlichen Aufenthalt« spricht das Finanzamt unter Bezugnahme auf § 9 AO, wenn sich jemand dort unter Umständen aufhält, die erkennen lassen, dass er an diesem Ort oder in dem Gebiet »nicht nur vorübergehend« verweilt. Und ein zeitlich zusammenhängender Aufenthalt von mehr als sechs Monaten Dauer ist eben ein solcher »gewöhnlicher Aufenthalt«.

Die unbegrenzte Steuerpflicht für Personen, die ihren Wohnsitz oder gewöhnlichen Aufenthalt also in Deutschland beibehalten, erstreckt sich auch auf sämtliche Einkünfte, die aus dem Ausland stammen, etwa in Form von Mieteinnahmen aus einer Wohnung, Verpachtung, Kapitalverzinsung. Dieses Prinzip der »Weltbesteuerung« erfährt durch zwischenstaatliche Abkommen, die eine Doppelbesteuerung verhindern sollen, jedoch Einschränkungen.

Danach sind natürliche Personen, die im Inland (in diesem Fall Deutschland) weder Wohnsitz noch den gewöhnlichen Aufenthalt haben, gleichwohl dort Einkünfte beziehen, dort auch »beschränkt steuerpflichtig«. Das heißt, sie unterliegen der Einkommensteuer nur mit ihren inländischen Einkünften (§ 49 des EStG). Das deutsche Finanzamt erkennt einen Wohnsitz im Ausland als solchen an, wenn alle Umstände darauf schließen lassen, dass der Steuerpflichtige dort auch tatsächlich wohnt (und nicht nur eine Briefkastenadresse unterhält), wie weiter oben dargelegt.

Wohin Renten oder Pensionen, Tantiemen, Mieteinkünfte oder Honorare aus freiberuflicher Tätigkeit überwiesen werden, ist für die Beurteilung der Steuerpflicht durch das deutsche Finanzamt unerheblich.

Willkommen als Steuerzahler in England!

Verbringen Sie mehr als 183 Tage im Jahr in Ihrem Domizil in England, sind Sie dort in jedem Fall uneingeschränkt einkommensteuerpflichtig. Es gibt in England drei Veranlagungsgruppen: Für Einkommen bis zu jährlich £4300 sind 20% Einkommensteuer abzuführen, auf die nächsten £22.800 sind es 23%, und was darüber hinausgeht, ist mit 40% zu versteuern. Die ersten £4195 sind als *personal allowance* steuerfrei, so dass man beispielsweise für Jahreseinkünfte bis zu einer Höhe von £8495 (ca. DM 25.742 = 13.160 Euro) rund £860 Steuern zu zahlen hätte (ca. DM 2838 = 1451 Euro).

Bei einem Angestelltenverhältnis teilen sich Arbeitgeber und Arbeitnehmer die monatlich ca. £150 anfallenden Sozialabgaben.

Weitere Details zum Thema Einkommensteuer würden den Rahmen dieses Buches sprengen, ebenso über Umsatz- bzw. Mehrwertsteuer bei Aufnahme einer gewerblichen Tätigkeit. In diesem Falle ist die Inanspruchnahme eines einheimischen Steuerberaters ohnehin unerlässlich. Und was Sie über Grundsteuern und über andere Verpflichtungen gegenüber dem Fiskus aus Immobilienkauf und -besitz wissen müssen, erfahren Sie in Kapitel 5: »Erwerb von Grund und Boden«.

Zu erwähnen wäre hier noch die sogenannte *council tax*. Sie ist eine an die Gemeinde zu entrichtende Steuer, deren Höhe in jeder Grafschaft variiert. Ihre Bemessungsgrundlage ist vom *valuation band* abhängig, das in acht Kategorien unterteilt ist. Je nach Einkommensstand der Bewohner und Wert bzw. Größe des Grundstücks oder der Wohnung bewegt sich diese *council tax* in der Grafschaft Kent beispielsweise zwischen £550 und £1700 im Jahr (ca. DM 1815 bis 5610 = 928 bis 2868 Euro). Bei Zweitwohnsitzen, wo nicht ständig jemand lebt, halbieren sich die Beträge. Für den zu Grunde gelegten Immobilienwert (»Einheitswert«) geht man zur Zeit nach dem Erhebungsstand vom 1. April 1991 aus.

Großbritannien kann man nicht als eine Steueroase bezeichnen. Vergessen Sie den Sonderstatus der Inseln Guernsey und Jersey: Wenn Sie meinen, es sei gut, Ihr Vermögen dorthin zu transferieren, sollten Sie mit einem renommierten, global operierenden Finanzberater Kontakt aufnehmen, an dieser Stelle aber keine Geheimtipps erwarten.

Für den privaten Geldanleger ist der Erwerb von Grund und Boden in England durchaus lohnend. Die Preise vieler in diesem Land angebotener Objekte sind für kontinental-

europäische Verhältnisse durchaus angemessen, selbst wenn das Preisniveau im Verlauf der letzten Jahre allgemein gestiegen ist. Eines der nachfolgenden Kapitel informiert Sie darüber detaillierter.

Viele Bundesbürger legen ihr Geld in Grundbesitz außer Landes an, weil sie den steuerlichen und wirtschaftlichen Entwicklungen in Deutschland misstrauen. Aber nach England flüchtet man besser nicht vor dem Finanzamt oder vor dem Euro; dort könnte er eines Tages ebenfalls offizielle Landeswährung sein wie in Deutschland und den anderen Ländern der Währungsunion. Noch sträubt sich der konservative Brite gegen solche Gedanken mit Vehemenz, doch die Liga der Europa-Überzeugten nimmt an Größe und Bedeutung allmählich zu. Bleibt als derzeitiges Handicap für deutsche Anleger ein ungünstiger Wechselkurs: Im Sommer 2000 musste man für ein Pfund Sterling ca. DM 3,30 zahlen.

Sie werden nicht zweimal zur Kasse gebeten

Falls Sie Einkünfte aus Vermögen oder Erwerbstätigkeit in England beziehen, interessiert sich dafür nicht nur der dortige Fiskus, sondern auch der deutsche. Zum Glück gibt es jedoch mit fast allen europäischen Staaten Abkommen, die eine Doppelbesteuerung vermeiden, so dass Sie für eine Steuerschuld nicht zweimal zur Kasse gebeten werden. Unter Bezug auf dieses Abkommen (kurz DBA genannt) sind die britischen Finanzbehörden berechtigt, von Ihnen zwar Steuern auf Einkünfte zu erheben, zu denen beispielsweise auch Einnahmen aus der Vermietung Ihres Hauses zählen, doch darf das deutsche Finanzamt diese Einkünfte dann aber nicht zur Bemessung der von Ihnen in Deutschland zu zahlenden Einkommensteuer hinzuziehen. Es gewährt Ihnen auf den DBA-Antrag hin diesbezüglich eine »Freistellung«.

Unterscheiden muss man allerdings zwischen dem Steuersatz, der für die Berechnung einer Steuer angewendet wird, und den Steuern, die de facto zu zahlen sind. Für Einkünfte aus Immobilienbesitz in England bedeutet dies, dass man für diese in Deutschland nach dem DBA zwar keine Steuern zu zahlen hat, aber zur Ermittlung des Steuersatzes werden sie Ihren Gesamteinkünften dennoch zugerechnet. Unerheblich ist dies nur für den, der in Deutschland ohnedies zu den Spitzenverdienern gehört und mit dem höchsten Steuersatz veranlagt wird.

Behördenapparat: die englische Variante

Ganz gleich, in welcher Angelegenheit Sie mit einer Behörde in England zu tun bekommen: Sie werden überrascht sein, wie viel unbürokratischer es zugeht als bei uns. Einschlägig erfahrende Kosmopoliten bestätigen, dass diese Tatsache in besonders krassem Gegensatz zu den Verhältnissen in Frankreich und Italien steht.

Es fängt damit an, dass Beamte (*officer*) und Verwaltungsangestellte freundlicher und hilfsbereiter als ihre Kollegen in den Amtsstuben anderer Länder sind. Vor allem aber kennt man in England sehr viel weniger Formulare. Die Briten schimpfen bisweilen zwar über Bürokratie und Papierkrieg (der dort als *red tape* bezeichnet wird), doch im Vergleich zu anderen Ländern hält sich bürokratisches Brauchtum sehr in Grenzen.

Fast alle Behörden verfügen über sogenannte *help lines*. Das sind mit 0800 vorzuwählende Telefon-Servicedienste, die man kostenlos in Anspruch nehmen kann, um Auskünfte zu erhalten. Und in welcher Angelegenheit welche (regionale) *help line* anzuzapfen ist, erfahren Sie unter der zentralen Auskunft 0800 22 55 10.

4. Suche nach dem idealen Standort

Eine feste Reihenfolge, in welcher Weise sich die Mosaiksteinchen Ihrer Vorstellung nach und nach zu einem Bild zusammenfügen, dem man so gern den Titel »So führe ich in England ein glückliches und sorgenfreies Leben auf dem Lande« geben möchte die gibt es nicht.

Überschaubar und gemütlich: Das Leben in der Kleinstadt hat gerade in England seinen Reiz.

Vorstellbar sind einige Muster, die realitätsnah und nachfolgend kurz umrissen sind. Sie können Ihnen als Orientierung für eine Vorgehensweise dienen.

Leben in England – vorübergehend oder auf Dauer?

Stellen Sie sich zunächst die Frage, ob Sie Ihr Wunschdomizil in England jedes Wochenende, acht- bis zehnmal im Jahr oder nur für die Dauer Ihres Jahresurlaubs aufsuchen möchten – oder ob Sie beabsichtigen, dort permanent zu wohnen. Vielleicht als freiberuflich Tätiger oder zu einem Zeitpunkt, von dem an die tägliche Anwesenheit in Ihrem Geschäft nicht mehr unabdingbar ist oder Sie das Rentenalter erreicht haben, das es Ihnen gestattet, sich den nachfolgenden Lebensabschnitt neu zu gestalten.

Ganz entscheidend ist auch, ob Sie allein leben oder in einer Partnerschaft. Nach diesen Kriterien richten sich zwar weniger die Standortfrage und die Notwendigkeit bzw. die Entbehrlichkeit einer günstigen Verkehrsanbindung oder die der lokalen Infrastruktur, in jedem Fall aber sind sie ausschlaggebend für die Dimension, für die Art und die Beschaffenheit des Objekts, das für die Einrichtung eines Domizils in England überhaupt in Frage kommt.

Die eigenen vier Wände

Vorab etwas zum Thema Hausbesitz. Das Bestreben, ein eigenes Haus zu besitzen, und sei es noch so klein oder nur eine schmale »Scheibe« in einer unendlich langen Reihe entlang städtischer Ausfallstraßen, besteht bei den Engländern seit ewigen Zeiten. Am liebsten wohnt und lebt man auf dem Lande: Hast du was, dann bist du was. Schon vor Jahrhunderten spielte sich das gesellschaftliche Leben auf den Landsitzen des Adels ab, weniger in der Hauptstadt London. Das Haus *on the countryside* erhielt dadurch eine besondere Bedeutung. Und da im Laufe der Zeit auch immer mehr Bürgerliche aufs Land zogen, weil sie es dem Adel gleich tun wollten, kam es auf verschiedenen Ebenen zu einer Annäherung, die sich nicht zuletzt im Baustil ausdrückte.

Weil der englische Mittelstand im späten 18. und im 19. Jahrhundert nicht gerade von Entbehrungen gezeichnet war, entstanden auf dem Lande sehr schöne Häuser mit anspruchsvoller Architektur, hübsch angelegten Gärten und Parks. Vor allem gab es genug Platz, sich in Distanz zum Nachbarn zu halten. Den Anwesen gab man wohlklingende Namen – eine Gepflogenheit, die sich bis heute gehalten hat und selbst bei kleinsten Cottagehäuschen gepflegt wird. »Willow Green«, »Fordshill«, »Norman Crest«, »Serenity« oder »Begonia Grove« heißen sie, oder vielleicht auch »Old Rectory« (altes Pfarrhaus) oder »Potter's Mill«, was dann auf den einstigen Verwendungszweck solcher Baulichkeiten schließen lässt.

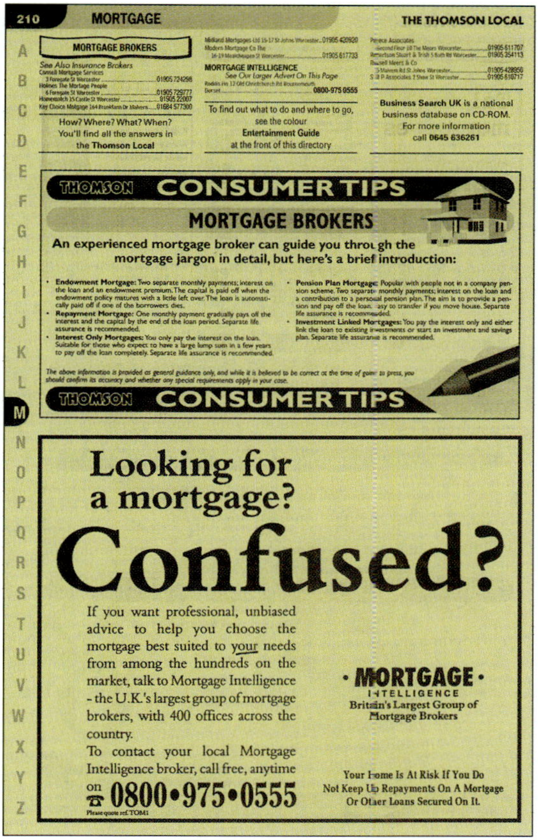
210 MORTGAGE THE THOMSON LOCAL

A B C D E F G H I J K L M N O P Q R S T U V W X Y Z

MORTGAGE BROKERS

See Also Insurance Brokers

Connell Mortgage Services 3 Foregate St Worcester ... 01905 724298
Holmes The Mortage People 6 Foregate St Worcester ... 01905 729777
Homewatch 35 Castle St Worcester ... 01905 22007
Key Choice Motgage 164 Brookfarm Dr Malvern ... 01684 577300

How? Where? What? When? You'll find all the answers in the **Thomson Local**

Midland Mortgages Ltd 15-17 St Johns Worcester ... 01905 420920
Modern Mortgage Co The 16-19 ... St Worcester ... 01905 617733

MORTGAGE INTELLIGENCE
See Our Larger Advert On This Page
... Dorset ... 0800-975 0555

To find out what to do and where to go, see the colour **Entertainment Guide** at the front of this directory

Pearce Associates Second Floor ... Worcester ... 01905 611797
Robertson Stuart & Trish 5 Bath Rd Worcester ... 01905 354113
Russell Meers & Co 5 Malvern Rd St Johns Worcester ... 01905 428956
S & P Associates 2 Shaw St Worcester ... 01905 610717

Business Search UK is a national business database on CD-ROM. For more information call **0645 636261**

THOMSON CONSUMER TIPS

MORTGAGE BROKERS

An experienced mortgage broker can guide you throι gh the mortgage jargon in detail, but here's a brief introduction:

- **Endowment Mortgage:** Two separate monthly payments; interest on the loan and an endowment premium. The capital is paid off when the endowment policy matures with a little left over. The loan is automatically paid off if one of the borrowers dies.
- **Repayment Mortgage:** One monthly payment gradually pays off the interest and the capital by the end of the loan period. Separate life assurance is recommended.
- **Interest Only Mortgages:** You only pay the interest on the loan. Suitable for those who expect to have a large lump sum in a few years to pay off the loan completely. Separate life assurance is recommended.
- **Pension Plan Mortgage:** Popular with people not in a company pension scheme. Two separate monthly payments; interest on the loan and a contribution to a personal pension plan. The aim is to provide a pension and pay off the loan. Easy to transfer if you move house. Separate life assurance is recommended.
- **Investment Linked Mortgages:** You pay the interest only and either link the loan to existing investments or start an investment and savings plan. Separate life assurance is recommended.

The above information is provided as general guidance only, and while it is believed to be correct at the time of going to press, you should confirm its accuracy and whether any special requirements apply in your case.

THOMSON CONSUMER TIPS

Looking for a mortgage?

Confused?

If you want professional, unbiased advice to help you choose the mortgage best suited to your needs from among the hundreds on the market, talk to Mortgage Intelligence - the U.K.'s largest group of mortgage brokers, with 400 offices across the country.

To contact your local Mortgage Intelligence broker, call free, anytime on ☎ **0800•975•0555**

Please quote ref. TOM1

· MORTGAGE ·
INTELLIGENCE
Britain's Largest Group of Mortgage Brokers

Your Home Is At Risk If You Do Not Keep Up Repayments On A Mortgage Or Other Loans Secured On It.

Bei der Suche nach Maklern und Hypothekenbanken sind die *yellow pages* immer einen Blick wert.

Das wohlhabende Bürgertum konnte es sich erlauben, sich wie die Aristokratie mit Muße seinen Liebhabereien zu widmen, Pferde zu halten, Bälle zu geben. Viele Häuser aus dem frühen und mittleren 19. Jahrhundert weisen neben vielen anderen ein Studierzimmer, einen Raum für Besucherempfänge, einen Rauchsalon für die Herren, eine Bibliothek und natürlich mehrere Gästezimmer auf. Fast immer gab es einen *drawing room* – der aber nichts mit »Zeichnen« (*to draw*) zu tun hat, sondern mit »Zurückziehen« (*to withdraw*): Hierhin zogen sich die Ladies nach Tisch auf ein Glas Likör zurück.

Jeder Raum verfügte über einen offenen Kamin mit eigenem Abzug, daher die zahlreichen Schornsteine auf dem Dach älterer Gebäude.

Es fällt auf, dass selbst die großartigsten Immobilien, Schlössern gleich und von herrschaftlicher Ausstrahlung, schlicht und einfach *house* genannt werden, allenfalls *manor house* (Herrensitz). Einerseits entspricht dies der in England so ausgeprägten Vorliebe für Understatement, andererseits hatten im 18. Jahrhundert nur Eigentümer eines Hauses (im Wortsinne) ein Wahlrecht. Je größer das Haus, desto mehr Steuern wurden darauf auch erhoben, und wer viel Steuern zahlte, qualifizierte sich dadurch zu einem hohen politischen Amt.

Nur wer ein Haus besaß, gehörte zur Gesellschaft und war berechtigt, an Lokalwahlen teilzunehmen. Dem sozial niedriger gestellten Stadtvolk blieb beides verwehrt; es wohnte nicht im eigenen Haus auf dem Lande, sondern in städtischen Mietwohnungen, zahlte kaum Steuern und hatte deshalb auch nicht viel zu sagen.

Die Förderung privaten Eigentums war stets das Anliegen jeder britischen Regierung der letzten fünfzig Jahre. Ein Haus gilt als die beste Altersvorsorge, deshalb gibt es in England auch keine Vermögenssteuer. Auch der Gewinn, der beim Verkauf eines Hauses erzielt wird, bleibt steuerfrei.

Die Lage Ihres Traumobjekts

Wenn Sie nicht während längerer Zeiträume in England leben, sondern Ihren dortigen Standort in mehr oder weniger kurzen Abständen aufsuchen, stellen Hin- und Rückfahrt vermutlich wichtige Zeitfaktoren dar. Es ist für Sie wichtig, auf welchen Wegen Sie Ihr Domizil am besten und bequemsten ansteuern können.

Spielt ein zusätzlicher An- oder Rückfahrtstag keine Rolle, dann kommt auch eine etwas abgelegenere Region (die in vieler Hinsicht von besonderem Reiz sein kann) in Betracht, natürlich erst recht für den Fall, dass Sie sich permanent dort aufhalten möchten oder dies zumindest von einen absehbaren Zeitpunkt an in Erwägung ziehen.

Bei häufigen Kurzurlauben wollen Sie jedoch nicht allzu viel Zeit auf viel befahrenen *Motorways* oder verschlungenen Landstraßen dritter Ordnung zubringen. Sie möchten Ihr Domizil möglichst in wenigen Stunden erreichen; in diesem Fall wird die Nähe eines Flughafens wichtig sein.

Denn die Hin- und Rückfahrt mit dem Auto setzt voraus, dass Sie jeweils mindestens einen bis anderthalb Tage – je nach Ihrem Heimatwohnort – unterwegs sind. Zwar schleust man Sie durch den Eurotunnel in nur 40 Minuten, aber um ihn benutzen zu können, müssen Sie erst einmal Calais ansteuern. Und ausgesprochen billig war die Benutzung des »Chunnel« (*Channel Tunnel*) nur bei seiner Eröffnung; inzwischen kostet die Durchfahrt mindestens ebenso viel wie die Autofähre. Der Fährverkehr über Hoek van Holland–Harwich, Dünkirchen–Ramsgate oder Oostende–Dover ist also vermutlich günstiger. Setzen Sie einmal alle Zeit- und Kostenfaktoren (Auskunft im Reisebüro) in Relation und rechnen Sie aus, wie Sie England am besten erreichen.

Andere Faktoren, die bei der Wahl Ihres Traumobjekts eine entscheidende Rolle spielen, betreffen das landschaftliche Umfeld, Klimaverhältnisse, vielleicht bereits bestehende Freundschaften, die Sie nachbarlich weiterhin pflegen möchten, die Infrastruktur der Region, vor allem aber wohl auch die Lage auf dem Immobiliensektor. Deshalb sei auf diesen Aspekt nachfolgend besonders ausführlich eingegangen.

Immobilienpreise in England

Von entscheidender Bedeutung für die Standortbestimmung Ihres Domizils in England ist die Situation auf den regionalen Grundstücksmärkten. Die Auswahl an interessanten Objekten ist immens.

Abgesehen vom Großraum London, sind regionale Gefälle nur in geringem Maße zu registrieren. Interessante, attraktiv gelegene Objekte sind in Yorkshire nicht billiger als in Kent. Natürlich sind Immobilien in Stadtnähe oft teurer, weil die Nachfrage durch Pendler größer ist. Unmittelbare Straßenlagen sind aber naturgemäß schwerer verkäuflich als weiter abgelegene

Funktionell: Die Siebziger haben auch in England ihre Spuren hinterlassen.

Objekte, und für den freien Blick über unverbaute Landschaft oder über die Küste zahlt man gern 30 bis 40 Prozent Aufschlag.

In Südengland bewegen sich die Preise für ein Landhaus um die £110 bis £150 für den *square foot* (sq.ft) Nutz- und Wohnraum, das entspricht etwa DM 1130 bis DM 1550 pro Quadratmeter (578 bis 793 Euro). Nur können Sie mit diesen Zahlen kaum etwas anfangen, denn die Flächenmaßsumme aller Geschosse einer Immobilie wird äußerst selten in *square foot*, geschweige denn in Quadratmetern angegeben. Die Zahl der Räume oder Nebengelasse interessiert den Kunden mehr.

Beim Studium der Inserate sowohl in der Presse als auch in den – meist verführerisch aufgemachten und mit vielen Farbbildern bestückten – Periodika der Grundstücksmakler (*estate agents*) werden Sie auf Begriffe stoßen, die Ihnen trotz guter Englischkenntnisse vielleicht nicht geläufig sind; aus diesem Grunde enthält dieses Buch auf Seite 102 ein englisch-deutsches Glossar, das Ihnen weiterhilft.

Der Grundstücksmarkt befindet sich zwar in konstanter Bewegung, doch zu Ihrer Orientierung seien nachfolgend ein paar konkrete Beispiele (Stand Sommer 2000) genannt, die als preisliche Anhaltspunkte für eine Budgetplanung dienen mögen. Es ist eine Auswahl von mehr oder weniger »normalen« Objekten – ohne Märchenschlösser, die den Mittelpunkt eines kleinen Herzogtums bilden und Prinzen aus dem Morgenland vorbehalten bleiben sollen.

So günstig viele Angebote sind: Mit einem Wechselkurs, der mit mehr als DM 3,00 für das englische Pfund notiert, bewegen sich die Preise für den deutschen Käufer mehr im oberen Bereich. Die Umrechnung in Euro wurde angefügt, um internationale Vergleiche zu erleichtern.

■ **Cheshire:** Schmales, *traditionelles Ziegelhaus* im viktorianischen Stil in Heaton Chapel, zweistöckig, 4 Räume, unterkellert, moderne Gasheizung, kleiner Vorgarten: £72.550 (= ca. DM 239.300 = 122.350 Euro). Großes, *altes Landhaus* in Lymm mit 9 Räumen, ca. 10.000 qm Grund (Wiesen, Obst- und Gemüsegarten), Terrasse, Wintergarten, Doppelgarage; £189.900 (= ca. DM 616.900 = 315.400 Euro). *Eigentumswohnung* in einem Park in Bramhall, 5 Räume, voll eingerichtete, moderne Küche, Bad/WC, Ölzentralheizung, Garage: £56,250 (= ca. DM 185.600 = 94.940 Euro).

■ **Cornwall:** Kleines, gemütliches *Einfamilienhaus* bei Bodmin Moor, 5 Räume, 1200 qm Grund mit altem Baumbestand: £80.000 (= ca. DM 242.400 = 123.900 Euro). *Altes Steinhaus* auf 3000 qm Grund bei Sennen Cove, Blick auf die Küste, 6 Räume, moderner Komfort, Teppiche, Gasheizung, Garten, Werkstatträume: £200.000 (= ca. DM 606.000 = 310.000 Euro).

■ **Devon:** *3-Zimmer-Cottage* (Nebengebäude einer alten Farm) bei Bideford, Ölzentralheizung, Garage, 500 qm Garten: £45.000 (= ca. DM 148.500 = 75.900 Euro). *Altes Cottage* in einem Dorf bei Ashwater, Blick über freie Landschaft, 7 Räume, Küche und Bad modernisiert, Obst- und Gemüsegarten, alter Baumbestand: £110.000 (= ca. DM 363.000 = 185.600 Euro).

■ **Essex:** *Kleiner Bungalow* von 1955 in Canvy Island, 3 Zimmer, Küche, Bad, Gasheizung, kleiner Garten: £46.430 (= ca. DM 153.200 = 78.380 Euro). *Alleinstehendes Landhaus* bei

FLOWERS
THE
FOX
&
HOUNDS

Wickford, 7 Zimmer, Wintergarten, viel Nebengelass, freier Blick über die Landschaft: £187.000 (= ca. DM 566.600 = 289.400 Euro). 160 Jahre altes, denkmalgeschütztes *Farmhaus* bei Doddinghurst, 6 Räume, Balkendecken, Nebengebäude mit beheiztem Pool, 2 Garagen, 5000 qm Grund: £248.500 (= ca. DM 820.000 = 419.300 Euro).

■ **Hampshire:** Reetgedecktes, denkmalgeschütztes *Fachwerk-Cottage* aus dem 18. Jahrh. in Boldre, 11 Zimmer, Balkendecken, antik ausgestattet, viele Nebengebäude, Garten, Teich, 30.000 qm Grund: £395.000 (= ca. DM 1.303.500 = 666.500 Euro). 100 Jahre *altes Landhaus* mit 6 Zimmern, Dreifachgarage, Wintergarten, Einzellage an einem Dorfrand nahe Copythorne, toprestauriert: £295.900 (= ca. DM 976.500 = 499.200 Euro). Einzeln stehendes *Einfamilienhaus* in einer Privatstraße auf einem Hügel bei Winchester, 7 Zimmer, Doppelgarage, Wintergarten, Gasheizung: £275.000 (= ca. DM 907.500 = 464.000 Euro). *Ehemalige Wassermühle* bei Standford, 16. Jahrh., orig, Mühleneinrichtung, 9 Wohn- und Schlafräume, viel Nebengelass, großer Garten, insgesamt 20.000 qm Grund: £535.000 (= ca. DM 1.765.500 = 902.700 Euro).

■ **Lancashire:** *Haushälfte*, alt, stilvoll eingerichtet in Accirngton, zweistöckig, 8 Zimmer, 2 Bäder, unterkellert, Gas-Zentralheizung: £142.200 (= ca. DM 430.700 = 220.200 Euro). Denkmalgeschütztes *ehemaliges Schulhaus* aus dem

Linke Seite: Strohgedecktes Dorfhaus in Gloucestershire.

17. Jahrh. mit 10 Zimmern, Zentralheizung, Wintergarten, Garage, Obstgarten: £230.000 (= ca. DM 759.000 = 388.000 Euro).

■ **Middlesex:** *Teil eines vierstöckigen Stadthauses* direkt am Themse-Ufer in Staines, 8 Zimmer, Dachterrasse, Balkon zum Fluss, Garage: £295.000 (= ca. DM 973.500 = 498.000 Euro). *2-Zimmer-Apartment* in einem kleinen, alten Stadthaus in Northwood, Kochnische, Bad, Gasheizung: £29.900 (= ca. DM 98.800 = 50.500 Euro).

■ **Norfolk:** *Bungalow* mit Blick aufs Meer bei Gt.Yarmouth, 4 Räume, modern ausgestattet, kleiner Garten: £42.500 (= ca. DM 140.000 = 71.700 Euro). *Doppelhaushälfte*, Bauj. 1970, bei Emneth, 4 Räume, Gasheizung, Garage, Garten: £53.950 (= ca. DM 178.000 = 91.000 Euro). *Komfortable 4-Zimmer-Wohnung* in einem alten Haus mit Blick auf den Hafen von Sheringham, Gasheizung, 5 min vom Golfplatz: £69.950 (= ca. DM 230.800 = 118.00 Euro).

■ **Oxfordshire:** *6-Zimmerwohnung* in einem Herrensitz (großer Park) aus dem 18. Jahrh. bei Banbury, stilvoll eingerichtet, Elektroheizung, Gartenanteil: £145.000 (= ca. DM 478.500 = 244.650 Euro). Denkmalgeschütztes *Fachwerk-Cottage* nahe einem Dorf bei Abingdon, reetgedeckt, 5 Räume, Ölzentralheizung: £210.000 (= ca. DM 693.000 = 354.300 Euro).

■ **Sussex:** Frei stehendes, 90 Jahre altes *4-Zimmer-Haus* nahe Chichester, Garage, sehr großer Garten, gepflegter Zustand: £110.000 (= ca. DM 363.000 = 185.600 Euro). Reetgedecktes *Cottage* bei Petworth mit 5 Räumen, großem Gemüsegarten,

Georgian House in Lymington, Hampshire.

Nebengebäuden, Stallungen, 6500 qm Grund: £199.900 (= ca. DM 660.000 = 337.000 Euro). Komfortables *2-Zimmer-Apartment* in einem viktorianischen Haus in St. Leonards-on-Sea, Kochnische, Bad, Gasheizung: £76.000 (= ca. DM 250.100 = 128.200 Euro).

■ **Warwickshire** *Doppelhaushälfte* in einer ruhigen Seitenstraße in Leamington, 6 Zimmer, voll eingerichtete Küche, Terrasse, Garten, Garage, Ferngasheizung: £93.995 (= ca. DM 310.200 = 158.600 Euro). Freistehendes *Einfamilienhaus* in Little Kineton, Neubau im alten Stil, 9 Zimmer, Wintergarten, Garage, Garten, Blick in freie Landschaft: £219.500 (= ca. DM

724.400 = 370.400 Euro). Romantisches, zweistöckiges *Stadthaus* aus dem 19. Jahrh. in Warwick, 5 Zimmer, Parkplatz im Hof: £107.500 (= ca. DM 354.750 = 181.400 Euro).

■ **Wiltshire:** *Ehem. Pfarrhaus* in einem Dorf nahe Salisbury, ca. 150 Jahre alt, ruhige Lage, 4 Zimmer, Küche, kleines Duschbad, sehr großer Garten: £225.000 (= ca. DM 742.500 = 379.600 Euro). *Kleines Anwesen* auf dem Lande bei Bradford, Dorfnähe, 3 Räume, Küche, Duschbad, restaurierungsbedürftig, 650 qm Grund, Ölheizung: £25.900 (= ca. DM 85.500 = 43.700 Euro).

Die aufgeführten Objekte wurden teils von ortsansässigen Agenturen, teils durch Inserate in der Tagespresse wie beschrieben angeboten. Berücksichtigen Sie, dass zu den genannten Preisbeispielen Steuern, Provisionen und Nebenkosten kommen, über die Sie eines der nachfolgenden Kapitel informiert. Unverbindliche, dennoch als Anhaltspunkte dienende Kosten-Richtlinien erhalten Sie auch von der Royal Institution of Chartered Surveyors (Adresse im Anhang).

Irgendwann müssen Sie sich festlegen, wenn Sie es Ernst meinen mit Ihren Plänen, und die Region oder das County, die Stadt oder den Flecken Ihrer Präferenz definieren. Vor allem ist der finanziellen Rahmen abzustecken, in welchem Sie sich bewegen können. Haben Sie dies an den Anfang Ihrer Überlegungen gestellt – um so besser.

Ein Refugium für den Single

Leben Sie als Single und möchten Ihr Refugium in England als einen Ort für gelegentliche Robinsonaden benutzen? Wollen Sie hier herkommen, um das Alleinsein zu genießen, um nachzudenken, zu malen, zu schreiben, Golf zu spielen – einfach auszuspannen vom Trubel Ihres Alltags? Dann kommen Sie vermutlich mit relativ wenig Wohnfläche aus und brauchen kein großes Areal ringsum, dessen Pflege und Erhaltung mit einigem Arbeitsaufwand verbunden ist. Ein Golfplatz und ein gemütliches Pub in der Nähe Ihrer Fluchtburg sind für Sie vermutlich wichtiger als ein elegantes Shopping Center.

Musterfall Iris Ortmeier: Die überzeugte Junggesellin Iris Ortmeier (dieser und die nachfolgenden Namen sind frei erfunden, die Sachverhalte nicht) ist eine Kaufhaus-Managerin, zugleich Expertin für Rosenzucht und möchte alle zwei Monate ein verlängertes Kreativ-Wochenende in ihrem geliebten Sussex verbringen. Ihr liegt daran, Gärten zu besuchen und darüber zu schreiben, zu fotografieren, spazieren zu gehen – einfach zu entspannen. Oder sie lässt im Sattel eines Pferdes in der Gesellschaft von ein, zwei Gleichgesinnten für ein paar Stunden die Landschaft auf sich einwirken. Bei der Entscheidung für ein Objekt auf dem Lande waren eine idyllische Lage, gute Erreichbarkeit (Flughafen) und die Nähe einer Reitschule für sie wichtig. Weniger Wert legt sie auf enge nachbarliche Kontakte: Sie will sich ja gerade zurückziehen vom kommunikationsintensiven Berufsalltag.

Es geht auch so: Diskreter Wohnsitz eines Individualisten mit schmalem Geldbeutel am Großstadtrand.

Frau Ortmeier hat sich ein Apartment – zwei Zimmer, Küche, Bad – in Nymars Gardens gekauft, nicht weit von der M23 Richtung Cuckfield und Brighton. Die Wohnung liegt in einem ehemaligen, umgebauten Farmgebäude, das in vier Einheiten zu je etwa 80 qm geteilt und mit allen modernen Einrichtungen versehen ist. Das Objekt wurde von einer renommierten Agentur angeboten und kostete rund £42.500, umgerechnet rund 131.700 Mark (= 67.360 Euro). In weniger als 40 Minuten ist Frau Ortmeier am Airport Gatwick. Sie leistet sich den Luxus eines in England zugelassenen Morris Minor (dort seit kurzem steuerfrei, weil vor 1973 hergestellt), der mangels Garage zwar permanent im Freien parkt, mit dem

sie aber im Umkreis von 50 Meilen ein halbes Dutzend der schönsten Rosengärten in der Region und eine Reitschule aufsuchen kann.

Von einem der beiden äußerst sparsam möblierten Zimmer genießt Frau Ortmeier einen Blick weit über das Land. Hier sitzt sie oft stundenlang, blickt auf die blühenden Nymars Gardens hinaus – und schreibt nach Sonnenuntergang an ihrem Buch über englische Rosen weiter (von dem sie hofft, dass es nie fertig werden möge). Auf ihren Spaziergängen im Park von Nymars Gardens trifft sie sich in unregelmäßigen Abständen mit einem Rosenzüchter aus Crawley, im nahegelegenen Pub isst man gemeinem zu Abend. Oder man verabredet sich zu einem Ausritt am nächsten Tage. Auf die Pflege weiterer Bekanntschaften legt Frau Ortmeier wenig Wert; sie möchte gesellschaftlichen Verpflichtungen lieber aus dem Wege gehen.

Iris Ortmeier hatte jedoch nicht bedacht, dass ihr Apartment auch während ihrer Abwesenheit, die auch schon mal drei, vier Monate betrug, betreut werden musste. So zog in den Kühlschrank der Muff ein, Lebensmittelvorräte wurden ungenießbar, die Räume ermangelten der Durchlüftung, auch sprang der Morris Minor nicht mehr an. Nachdem sich Iris Ortmeier über ihr Versäumnis, sich um einen *housekeeper* zu kümmern, genug geärgert hatte, bat sie eine ihrer Nachbarinnen – Single wie sie, als Angestellte beim Airport Gatwick jedoch

Linke Seite:
Sie haben es sich verdient: Landhäuser wie dieses, nahe River Severn, sind ein Paradies für den Ausstieg zu zweit.

permanent in Nymars Gardens wohnend –, sich einmal in der Woche um das Apartment zu kümmern. Die Lady sieht vor allem in der kühleren Jahreszeit, wenn Iris Ortmeier seltener hierher kommt, nach dem Rechten, lüftet die Räume und benutzt gelegentlich auch das Auto anstelle ihres eigenen, damit es keine Standschäden davonträgt.

Gemeinsamer Ausstieg mit dem Partner

Wenn Sie sich für die Zweisamkeit mit dem Partner entscheiden, gelten ganz andere Kriterien als die für Iris Ortmeier. Vielleicht wollen Sie Ihr Domizil in England aber nicht nur mit einem Partner, sondern mit der mehrköpfigen Familie bewohnen? Dann ist möglichst viel Platz entscheidend, denn man will sich – übrigens auch im Urlaub – mal aus dem Weg gehen können. Sie benötigen also mehrere Schlafzimmer, zwei Bäder, einen echten Kamin und eine größere Terrasse für gesellige Abende, ausreichend Gartenfläche zur Betätigung im Freien und Platz zum Werkeln und Basteln.

■ **Musterfall Familie Halbohm:** Seit mehreren Jahren hatte Herr Halbohm geschäftlich mit einer Firma in Newton Abbot (Cornwall) zu tun. Berufsbedingt reiste er Anfang jeden Monats hierher: Flug via London bis Bristol, von dort zwei Stunden mit dem Leihwagen. Einige Male begleiteten ihn seine Frau oder seine beiden Söhne. Aber nicht nur die regelmäßig erforderliche, mehrtägige Anwesenheit in Newton Abbot hatte Herrn Halbohm veranlasst, sich an der attraktiven Babbacombe Bay zwischen Exmouth und Torquay nach einem Haus umzusehen. Er und seine Familie hatten für die landschaftlich so reizvolle Gegend eine echte Liebe entwickelt. Hier verbrachten sie auch öfters die Ferien, die Jungen gingen segeln, und Herr Halbohm überlegte, sich in Cornwall einen Alterssitz zu schaffen.

1996 setzten die Halbohms diesen Traum in die Realität um. Die angenehmen klimatischen Voraussetzungen und die anmutige Landschaft des County Cornwall rechtfertigten den relativ hohen Preis, den Halbohms für ihr 6-Zimmer-Cottage aus dem

19. Jahrhundert zahlten: Umgerechnet etwa 510.000 Mark. Das Anwesen umfasst drei Nebengebäude, von denen eins als Garage umgebaut worden war, einen herrlichen Blumen- und Gemüsegarten sowie einen Laubengang zu einem Pavillon am Ende des 8000 qm großen Grundstücks, von dem man einen schönen Blick auf die Bay hat. Keine zehn Autominuten entfernt gibt es Geschäfte, mehrere Restaurants, eine Tankstelle, und nur weitere 20 Minuten sind es bis zu einem Golfplatz. Drei Jahre später wurde Herr Halbohm pensioniert: Alles sprach dafür, die Eigentumswohnung im Ruhrgebiet zu verkaufen und sich endgültig in Cornwall anzusiedeln.

Allerdings: Nicht mit einkalkuliert hatten die Halbohms, dass die Junioren eventuell eigene Wege gehen würden und kein übermäßig großes Interesse zeigten, sich für das Projekt ihrer Eltern zu engagieren – aber genau das hatten diese sich vorgestellt. Den Halbohm-Söhnen war die Entfernung einfach zu groß, als dass sie mehrmals im Jahr für einige Tage an die Südwestspitze Englands zu reisen Lust hatten. Also erwies sich das Objekt an der Babbacombe Bay eines Tage als viel zu groß für zwei Personen. Um etwas Leben ins Haus zu bringen, entschlossen sich die Halbohms, Feriengäste aufzunehmen: Wenigstens in den Sommermonaten wird das Anwesen jetzt wieder zur Gänze genutzt.

Mut zu einer ungewöhnlichen Entscheidung

Es muss nicht immer das klassische Farmhaus auf dem Lande sein oder ein Manor im viktorianischen Stil mit Blick über einen Park, dessen Eichen vielleicht schon König Arthur und den Rittern seiner Tafelrunde Schatten spendeten. Wer den Mut hat, unkonventionelle Wege zu gehen und sich vor handwerklichen Arbeiten nicht scheut, findet gerade in England ungewöhnliche Objekte, die geradezu darauf warten, entdeckt zu werden.

■ **Musterfall Herbert Lorenzen:** In den Räumen einer ehemaligen Maschinenweberei in einer 20.000-Einwohner-Stadt in Staffordshire, seit 25 Jahren nicht mehr in Betrieb und

Wohnidee: Sie wären nicht der Erste, der sich eine privat verkaufte Kapelle wie diese zu einem originellen Feriensitz machte.

nur als Lagerhalle genutzt, richtete sich Herbert Lorenzen ein Atelier und eine Galerie ein. Er ist Maler und Bildhauer und fand in den beiden Etagen, je mehr als 600 qm groß, die ideale Kombination, um seinen Traum zu verwirklichen.

Das Objekt hatte Lorenzen durch Zufall gefunden. Auf der Suche nach einer alten Kirche (in England immer wieder einmal zum Verkauf angeboten) oder einem aufgelassenen Busdepot war er in einem Pub mit einem Gentleman ins Gespräch gekommen, der als Spediteur auf der Suche nach neuen, großen Lagerräumen für Umzugsgut war; die jetzigen seien ihm längst nicht mehr ausreichend. Ein Glückstreffer: Acht Tage später hatte der *Relocation Carrier* seine Halle gefunden, Lorenzen wurde neuer Vertragspartner des Grundstückseigentümers.

Einmal war es das Leben in einer von der Hektik der Welt noch verschont gebliebenen englischen Kleinstadt, das Lorenzen gesucht hatte, zum anderen aber durfte diese Verwirklichung kein Vermögen kosten. Auf einer in England üblichen *Leasehold-Basis* (Erbpacht) wurde er für eine vertragliche Dauer von 99 Jahren Besitzer der Fabrikräume, was ihn keine 50.000 Pfund (ca. DM 155.000) kostete. Auflage: Die Räumlichkeiten bedurften von oben bis unten einer Generalüberholung, vor allem waren die Böden, sämtliche Fenster und die sanitären Anlagen zu erneuern. Das Gebäude stammte aus dem Jahre 1878 und wies die Patina einer industriellen Vergangenheit auf, die einerseits einige (kostenintensive) Entsorgungslasten mit sich brachte, andererseits viel erhaltenswerte Substanz barg.

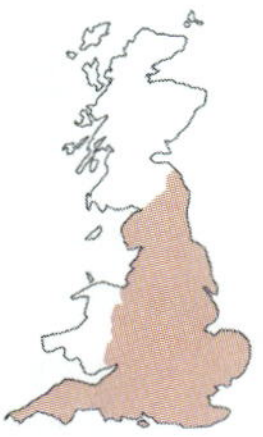

Lorenzen und ein paar Helfer investierten vier Monate intensiver Arbeit und weitere 30.000 Pfund, um im ersten Obergeschoss ein Loft zum Arbeiten und Wohnen einzurichten und aus dem Erdgeschoss einen Ausstellungsraum zu machen, der durch großzügige Frontverglasung viel Transparenz erhielt.

Die Stadt bekam am Ende ein Schmuckstück, und zu Bertie, *that crazy German artist*, kommen Kunden, Besucher und Freunde – überwiegend Einheimische – schon deshalb gern, weil er immer einen guten Tropfen aus dem Keller holt. Zur Einweihung hatte er sogar ein paar (von Freunden mitgebrachte) Flaschen Rotkäppchen-Sekt anzubieten ...

Platz für Pferde und alte Drehorgeln

Oft ist es eine ganz bestimmte »Marotte«, die den Ausschlag gibt, in England ansässig zu werden. In Britannien wird beispielsweise leidenschaftlich Golf gespielt und eine hochkultivierte Form des Gartenbaus betrieben; Hunde- und Pferdezucht (Jagd!), Hochseesegeln, Forellenfischen und der praktische Umgang mit historischen Autos, Dampfmaschinen oder anderer Uraltmechanik stehen ebenfalls ganz weit oben auf der Skala der Beliebtheit.

Sollten Sie zu denen gehören, die es sich erlauben können, einer solchen Leidenschaft nicht nur intensiv zu frönen, sondern den Inhalt Ihres Daseins dieser Passion anzupassen, dann ist England wie kein anderes Land für Sie geeignet, ein solches Leben zu genießen.

■ **Musterfall Arthur Delannée:** Der erfolgreiche Buchverleger Delannée hatte bereits vor Vollendung seines 60. Lebensjahr viele Passionen, doch niemals genügend Zeit, ihnen so nachzugehen, wie er es sich stets gewünscht hatte. Bis er den Entschluss fasste, sein Unternehmen an die Konkurrenz zu verkaufen und mit seiner Frau, wie er eine begeisterte Seglerin, endlich ins Land ihrer Träume umzusiedeln. Arthur und Hedwig Delannée erwarben ein Haus an einem der schönsten Segelreviere Englands: am Severn River.

Auf den Geschmack gekommen: Der Inhaber dieser Garage hat eine geeignete Räumlichkeit für seine Leidenschaft gefunden.

Ausschlaggebend für den Erwerb der nahe Chepstow gelegenen 8-Zimmer-Villa, die von einem paradiesischen Garten umsäumt ist, war die Lage: Herrlicher Blick über die Weite des hier mehr als drei Kilometer breiten Flusses, zehn Autominuten zur Marina von Chepstow, knapp zweieinhalb Stunden (140 km) zum Internationalen Flughafen Birmingham. Der Kaufpreis für das im Tudor-Stil gebaute Haus auf einem 12.000 qm großen Grundstück war mit 450.000 Pfund (ca. 1,4 Millionen DM) durchaus angemessen (Delannées Segelyacht kostete nicht sehr viel weniger). Ein Paddock mit Stall für zwei Pferde fehlt ebenso wenig wie ein großer, doppelt verglaster Wintergarten, der sich bestens für sommernächtliche Partys eignet, weil man dort am darauf folgenden Morgen im Osten die Sonne aufgehen sieht…

Das alleinstehende Ehepaar teilt sich das große Haus mit einigen Hunden und Katzen; außerdem wohnen im Dachgeschoss zwei Angestellte, die Garten und Küche versorgen und dem Hausherrn gelegentlich bei seinem zweiten Hobby zur

Hand gehen: dem Aufarbeiten alter Drehorgeln und Musikautomaten. Delannées Kollektion umfasst mehr als zwei Dutzend davon, meist auf Auktionen ersteigert, und an ihren dröhnenden Klang haben sich sogar die Hunde gewöhnt, ebenso die zahlreichen Gäste, die Herr und Frau Delannée regelmäßig zu sich einladen und auch über Nacht beherbergen, wenn sich ein Segeltörn wieder einmal bis in die späten Abendstunden ausgedehnt hat.

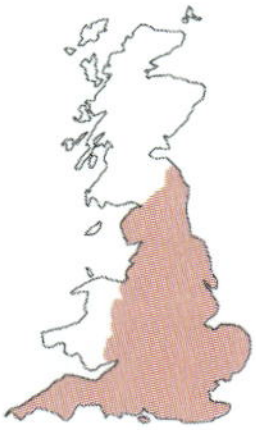

Wenn eines Tages das Heimweh kommt …

Bei aller Liebe zu England und der Ernsthaftigkeit Ihres Vorhabens sich dort anzusiedeln, sollten Sie den Gedanken, dass Sie nach einem längeren Aufenthalt im Ausland so etwas wie Heimweh verspüren könnten, nicht ganz verdrängen. Bei jüngeren Menschen sicher kein vordergründiges Thema, doch die Älteren können sich nicht immer davon frei machen, dass sie derlei Gefühle ab und zu überkommen. In der Erinnerung eines älteren Menschen verklären sich nämlich Dinge, die er vor zwei, drei Jahrzehnten noch heftig kritisierte, zum Positiven. Und man sehnt sich immer inniger nach einem Wiedersehen mit alten Freunden, denen man eine Ewigkeit nicht mehr begegnet ist, nach dem Umfeld der jungen Jahre, nach Spaziergängen durch vertraute Gegenden, nach Gerichten, deren Duft man aus den Kindertagen in guter Erinnerung hat…

Sag niemals nie: Für den Fall, dass eines Tages das Heimweh kommt, sollte man sich die Rückkehr offen halten und in der anfänglichen Euphorie über den Neuanfang zu Hause nicht gleich alle Zelte abbrechen. Chunnel-Zufahrt bei Folkestone.

Es könnte also ganz vernünftig sein, nicht sämtliche Zelte zu Hause abzubrechen. Auslandserfahrene raten, einen Wohnsitz – ganz gleich, ob erster oder zweiter – im Heimatland beizubehalten. Nicht zuletzt ist dies auch eine steuerliche Frage, die mit einem Fachmann erörtert werden sollte.

5.

Erwerb einer Immobilie in England

Natürlich kann man auf eigene Faust auf die Suche nach einem attraktiven Landhaus gehen. Klüger ist es jedoch, professionelle Hilfe in Anspruch zu nehmen.

Es muss nicht immer Eigentum sein. Das Anmieten eines reizvollen Objektes bindet keine umfangreichen Mittel und erlaubt es, die eigene England-Tauglichkeit zu prüfen, und in aller Ruhe nach dem Platz fürs zweite Leben zu suchen.

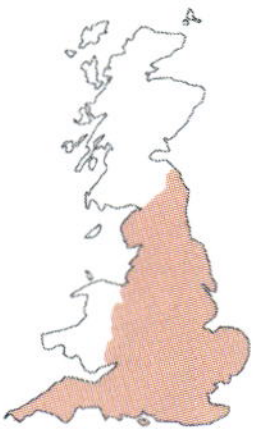

Ein zeitaufwendiges Abenteuer ist es, selbst auf Erkundungsreise zu gehen, sich durchzufragen und – vielleicht – fündig zu werden. Indessen, auf gut Glück die Gegend um Stow on the Wold oder Wardour Castle zu durchstreifen, in der Hoffnung, per Zufall ein kleines Paradies zu entdecken, an dessen Hecke ein Schild mit dem Wörtchen *»for sale«* steht – diese Methode hat aller Wahrscheinlichkeit nach wenig Aussicht auf Erfolg.

Sicher, immer wieder sieht man auf Streifzügen durch England dekorative Tafeln an Häusern oder in deren Vorgärten, die auf einen Verkauf des Objekts mit der Telefonnummer eines Maklers hinweisen. Aber die interessanteren Objekte befinden sich meist (zum Glück) nicht in unmittelbarer Straßennähe, und deshalb empfiehlt es sich, die Angebote eines Maklerbüros (*estate agent*) vor Ort zu studieren. Vielleicht haben Sie auch Freunde oder Bekannte, die in Großbritannien ansässig sind und die ersten Informationen für Sie einholen. Sie müssen an Ort und Stelle natürlich selbst entscheiden, ob das eventuell in Frage kommende Objekt Ihnen zusagt oder nicht. Beschreibungen und Fotos, und seien sie noch so verheißungsvoll, können immer nur zu einer ersten Orientierung nützlich sein.

Unterlagen, die Sie von privater Seite oder von einer Immobilienagentur erhalten, veranlassen Sie als Kaufinteressenten wohl zunächst einmal, sich näher mit dem Objekt zu befassen. Sie vereinbaren einen Besichtigungstermin – und sind möglicherweise enttäuscht, wenn Sie Ihr zukünftiges »Traumhaus« erblicken. Begabte Fotografen können nämlich lichtbildnerische Wunder vollbringen! Vielleicht stammten die Fotos auch aus früheren Zeiten …

Auf den Bildern war für Sie nicht erkennbar, dass es sich bei dem Gebäude um eine heruntergekommene Bauernkate handelt, verlassen und verwahrlost. Das Dach ist beschädigt, Innentüren und Fenster sind offenbar vor Jahren schon woanders einer neuen Verwendung zugeführt worden. In weniger als hundert Metern Entfernung führt eine Bahnlinie entlang, gleich dahinter befindet sich eine Mülldeponie oder ein Moto-Cross-Übungsgelände …

Selbst wenn weder Deponie noch Crossgelände vorhanden wären: Nicht jedermann besitzt genügend Vorstellungsvermögen, um zu erkennen, dass sich ein halb verfallenes Cottage durchaus restaurieren lässt. Am besten fotografieren Sie das Anwesen erst einmal aus allen möglichen Blickwinkeln selbst, machen auch Innenaufnahmen (Blitz?) unter Verzicht auf künstlerische Effekte. Sie sollten die Bilder – nicht unter 13 x 18 cm vergrößert – einem Architekten vorlegen, um mit ihm die Chancen einer Restaurierung durchzudiskutieren. Sicher wird er darauf bestehen, das Objekt selbst sehen und prüfen zu wollen.

Begeisterungsfähigkeit gehört schon dazu, sich auf ein »Ruinenprojekt« einzulassen, aber auch Objektivität. Wenn ein Fachmann nach sorgfältiger Prüfung aller Fakten abrät, sich auf Unwägbarkeiten einzulassen, die nicht zuletzt auch hohe finanzielle Risiken bergen, sollte man auf ihn hören.

Bedenken Sie auch dies: Wenn Sie sich für den Erwerb einer Immobilie entschieden haben, verabschieden Sie sich gleichzeitig vom bisher praktizierten Feriendasein in einem Hotel oder in einer Urlaubspension. Der fürs Abendessen gedeckte Tisch, die Reinigung von Zimmer und Bad, all die großen und kleinen Serviceleistungen dienstbarer Geister entfallen für Sie künftig. Statt dessen dehnen Sie einen Teil Ihrer häuslichen Arbeiten und Verantwortungen von zu Hause auf ein zweites Domizil (Nummer Zwei wird es sein, solange Sie dort nicht permanent residieren) aus. Das heißt: doppelte Haushaltsführung mit den entsprechenden Kosten. Auch daran sollten Sie denken, wenn Sie vom *country life* in den eigenen vier Wänden träumen.

ABC der Fachausdrücke

Wenn Sie sich ein Bild von den Angeboten auf dem Immobilienmarkt in England machen wollen, hilft Ihnen die Lektüre einschlägiger Anzeigen in der Fachpresse oder in den Broschüren diverser Maklervereinigungen weiter. Doch was in den in Englisch abgefassten Objektbeschreibungen, in den Inseraten einer Zeitung oder im Offertenblatt eines Maklers steht, ist für Sie vermutlich nur zum Teil verständlich. Sie sind auf einen Dolmetscher angewiesen, sofern Sie (noch) nicht über sehr

ABC der Fachausdrücke, Teil 1

APR (annual percentage rate)	effektiver Jahreszins	*estate*	Grundstück
coach house	ehemalige Kutschenremise	*estimate*	Schätzung
CH (central heating)	Zentralheizung	*freehold*	pachtfreies Eigentum
chartered surveyor	vereidigter Gutachter	*granny annex (flat)*	Einliegerwohnung
commission	Provision	*haulage service*	Umzugsdienst, Spediteur
conservatory	Wintergarten	*land certificate*	Grundbuchauszug
contract of sale	Kaufvertrag	*landlord*	Hauseigentümer
contractor	Bauunternehmer	*Land Registry*	Grundbuchamt
conveyancer	Notar für Grundstücksangelegenheiten	*leasehold*	in (Erb-)Pacht
cottage	kleines Bauernhaus	*lease lender*	Verpächter
council house	von der Gemeinde vermietetes Haus	*lessee*	Pächter (eines leasehold-Objekts)
croft	kleiner Bauernhof	*to let*	vermieten
deposit	Anzahlung	*lettings*	Mietwohnungen
detached	frei stehend	*link-detached*	Reihenhaus, das mit dem nächsten nicht Wand an Wand, sondern durch einen Anbau (z. B. Garage) verbunden ist
DG (double glazing)	Doppelverglasung	*listed*	unter Denkmalschutz
Drive	Auffahrt (zur Garage)		
draft contract	Entwurf eines Kaufvertrages		

gute Englischkenntnisse verfügen. Hier aber zunächst einige nützliche Hinweise.

Meistens ist in den telegrammstilartig abgefassten Objektbeschreibungen nur die Zahl der Räume angegeben, nicht aber die Wohnfläche in Quadratmetern. Eine exakte Flächenangabe ist nicht üblich. Nur die spezifizierte Einzelofferte, die Sie beim Makler erhalten, geht in solche Details und beschreibt jeden Raum einschließlich Küche, Badezimmer, Flure, Balkons, Terrassen und Abstellkammern in seinen Dimensionen (üblicherweise in Fuß und Zoll), in Beschaffenheit und Ausstattung.

Oben einige Vokabeln, die zu dieser Thematik gehören und die Sie vorab schon einmal auswendig lernen können.

ABC der Fachausdrücke, Teil 2

loan	Darlehen
loft	nicht durch Wände unterteilte Etagenfläche
▸ *main home*	Hauptwohnsitz
manor	Herrenhaus
mansion	Villa, großes Mietshaus
mews	zur Luxuswohnung umgebauter ehemaliger Stall
mortgage	Hypothek
mortgage broker	Hypothekenvermittler
to move	umziehen
▸ *negotiable*	verhandelbar
▸ *paddock*	Sattelplatz (Areal vor einem Stall oder vor der Garage)
pcm (per calender month)	pro Kalendermonat (Miete, Raten)
Planning Authorities	Planungsbehörde
poa (price on application)	Preis auf Anfrage
property	Besitz
▸ *relocation service agency*	Immobilienagentur, die im Auftrag eines Käufers handelt
remedial works	Instandsetzungsarbeiten
to rent out	vermieten
roofing	Dachdeckung
rural	ländlich
▸ *second home*	Zweitwohnsitz
semi-detached house	Doppelhaushälfte
▸ *tenancy agreement*	Mietvertrag
tenant	Mieter
terraced house	Reihenhaus
thatched roof	reetgedecktes Dach
threshold	Türschwelle
▸ *utility room*	Hobbyraum
▸ *valuation*	Bewertung
vendor	Verkäufer

Suche auf eigene Faust

Welche sorgfältigen Planungen – oder blanken Zufälle – Sie auch immer in jene Gegend geführt haben, die Ihrer Ansicht nach weitgehend jene Voraussetzungen erfüllen, auf die es Ihnen ankommt: Die Suche nach einem geeigneten Objekt ohne vorherige Beratung entwickelt sich vermutlich zu einer spannenden Angelegenheit.

Es gibt mehrere Möglichkeiten der Vorgehensweise, wenn Sie auf den Service eines Immobilienagenten verzichten wollen (wobei es zunächst dahingestellt bleiben soll, ob dies klug ist oder nicht).

Grundsätzlich: Treten Sie Ihre Explorationsreise(n) nicht gerade während der landesüblichen Urlaubszeit (Juli und August) an. Vermeiden Sie auch, Ihre vermeintliche Traumgegend mit dem Auto an einem Freitag zwischen 15 und 19 Uhr anzusteuern. Die zeitweilige Dichte überregionaler und auch regionaler Verkehrsströme könnte Sie schon während der Anreise nerven und Ihnen die gute Laune nehmen. Also: Planen Sie Ihre Erkundungsfahrten antizyklisch zur Verkehrsfrequenz, und Sie haben sehr viel mehr vom Landschaftserlebnis, das Sie (und Ihre mitfahrende Familie) ja positiv einstimmen soll.

Machen Sie sich am besten noch vor Ihrer ersten Kontaktaufnahme mit dem Immobilien-Chinesisch vertraut.

Das Aufsuchen abgelegener Plätze bedingt bestes regionalspezifisches Kartenmaterial, möglichst im Maßstab 1:100.000, 1:200.000 oder maximal 1:250.000. Ohne Karten im großen Maßstab könnte es ein, dass Sie sich hoffnungslos verfahren, denn die Qualität der Beschilderung ist abseits der Landstraßen erster und zweiter Ordnung sehr unterschiedlich. Häufig sind Straßenschilder durch Laubwerk verdeckt.

Es kann Ihnen passieren, dass Sie auf einem *cattle grid* (aus Rollen bestehende Gatter im Boden, das Tiere am Überqueren hindern soll) landen und ein Stück danach auf dem Hof einer Farm – Sackgasse!

Das Dorf, das Sie anzusteuern glaubten, liegt exakt hinter dem nächsten Hügel. Sie landen vermutlich in zwei weiteren Privatzufahrten, ehe Sie endlich die richtige Fährte gefunden haben...

Manche Objekte liegen an Zufahrtswegen, die Sie als solche gar nicht zu erkennen vermögen. Es sind Traktor- oder Landroverspuren, die von einer kleinen Nebenstraße abzweigen, vielleicht seit langer Zeit nicht mehr benützt. Reizvolle Lokalitäten, die sich hinter solchen Zufahrten verstecken, werden Sie, wenn Sie auf eigene Faust unterwegs sind, deshalb gar nicht oder nur zufällig entdecken.

Wunsch und Wirklichkeit

Der klassische Fall: Sie haben sich während Ihres Urlaubs in eine idyllische Gegend verliebt, die Sie in Ihrem Wunsch bestärkt hat, sich in England anzusiedeln. Ein Jahr später kehren Sie dorthin zurück und möchten sich nach einem Grundstück mit einem Haus umschauen.

Wenn in ländlicher, etwas abgeschiedener Gegend ein Anwesen zum Verkauf steht, ist dies kaum je die ausschließliche Privatangelegenheit des oder der Besitzer – die Nachbarschaft weiß davon. Also fragen Sie ruhig jemanden, dem Sie begegnen. Sie werden sehr bald merken, wie man auf Ihre Fragen eingeht und können daraus schließen, ob weitere Fragen sinnvoll sind oder nicht.

Mit ausschlaggebend für die Gesprächsbereitschaft könnte der erste Eindruck sein, den Sie machen. Fremde im typischen

Trotz der durchweg guten Ausschilderung auch auf dem Land sollte man sich als orts-unkundiger Autofahrer bei der Suche auf eigene Faust nicht ohne Straßenkarte mit einem Maßstab von maximal 1:250.000 auf den Weg machen.

Erscheinungsbild des Touristen wünscht man sich vermutlich kaum als neue Nachbarn. Nur selten öffnet ein all zu salopper Auftritt Herzen und Türen. Wollen Sie ernst genommen werden, empfiehlt sich ein zivilisiertes Outfit. Auf Ihrem eigenen Grundstück können Sie dereinst umherlaufen, wie es Ihnen gefällt – in ländlichen Gegenden empfiehlt sich eine etwas konservativere Kleiderordnung. Das gilt erst recht, wenn Sie einen Makler aufsuchen.

Prüfen, fragen, überlegen: 20 wichtige Punkte

Weil die von Ihnen zu treffenden Entscheidungen von einiger Tragweite sind, steht die Beantwortung wichtiger Grundsatzfragen an erster Stelle Ihres Programms.

Auf die Gesprächspartner zuzugehen und Fragen zu stellen, setzt jedoch einige englische Sprachkenntnisse voraus.

1. Kommt das Objekt bezüglich Lage, Zustand und Charakter meinem Wunschbild nahe?
2. Welchen Umfang hat die Liegenschaft insgesamt, was gehört alles dazu?
3. Entspricht die Größe des Gebäudes oder der Gebäude meinen Vorstellungen?
4. Aus welcher Zeit stammen die Baulichkeiten (Denkmalschutz!)?
5. Ist das Anwesen noch bewohnt bzw. bewirtschaftet, wird es bei der Übernahme frei?
6. Oder steht das Anwesen leer – und wie lange schon?
7. Wer ist der Eigentümer des Objekts?
8. Welche Preisvorstellungen wurden genannt?
9. Welche Zahlungsmodalitäten lassen sich aushandeln?
10. Liegen Lasten auf der Immobilie?
11. Gibt es Auflagen oder Nießbrauchrechte Dritter?
12. Wie ist die bauliche Substanz beschaffen?
13. Sind Instandsetzungsarbeiten notwendig?
14. Gibt es einen Architekten und Handwerker im Ort oder in der Nachbarschaft?

15. Wie ist die Wasser-, Gas- und Stromversorgung?
16. Wie sind die Zufahrtswege?
17. Haben sich schon andere Interessenten das Objekt angesehen?
18. Wie ist die regionale Infrastruktur: Verkehrsanbindung, Einkaufsmöglichkeiten, Gastronomie, Ärzte, Apotheke u.s.w.?
19. Wie sind die Chancen für einen Wiederverkauf?
20. Gibt es Lärm- oder andere Störfaktoren, die einem den Aufenthalt verleiden könnten?

Dieser Fragenkatalog, auf den nachfolgend detailliert eingegangen wird, stellt eine komprimierte Zusammenfassung dar, sozusagen zum Abhaken vor Ort. Für Ihre Entscheidung, in England eine Immobilie zu erwerben, sind sie von ausschlaggebender Bedeutung. Wenn es Ihnen auch noch auf andere Kriterien ankommt, stellen Sie diese in einer zusätzlichen, individuellen Liste zusammen.

■ **1. Lage, Zustand, Charakter der Liegenschaft.** Liebe auf den ersten Blick?! Ganz gleich, ob es sich um ein einsames *cottage* (kleines Bauernhaus), eine ehemalige Wassermühle, ein attraktives Stadthaus oder eine Eigentumswohnung in einem klassischen *manor* (Herrschaftsvilla) handelt: Sie sind mit bestimmten Vorstellungen in diese Gegend gekommen und sollten sich nicht durch vordergründige Reizfaktoren zu einem spontanen Umwerfen all Ihrer mit Sorgfalt angestellten Überlegungen verleiten lassen, nur weil die Leute, die Sie gestern Abend kennen gelernt haben, so liebenswürdig zu Ihnen sind.

Erfüllen also die Lage – ganz einsam, in Ortschaftsnähe, im Stadtbereich, an der Küste, an einem Hang, in einem Tal, in Waldnähe – und der Charakter des Objekts die von Ihnen gewünschten Voraussetzungen?

Handelt es sich um ein heruntergekommenes Anwesen, das einer völligen Wiederherstellung bzw. eines Umbaus bedarf, oder ist das, was Sie vorfinden, ohne großen Aufwand habitabel? Hat es Stil, Ausstrahlung, eine besondere Note?

Wie steht es mit der Sonneneinstrahlung, gibt es alten Baumbestand, wo ist die Wetterseite, wie ist der Fernblick, das

nahe Umfeld, die Art der Einfriedung? Wenn Sie ein Gartenfreund sind: Taugt der Boden für Bepflanzung? In England meist kein Problem. Ist er (in Küstennähe) eher sandig oder felsig, werden Sie lastwagenweise Mutterboden herbeischaffen lassen müssen. Erkundigen Sie sich, was das pro Tonne kostet. Und wie ein Bewässerungssystem anzulegen wäre. Üppig wucherndes Unkraut ist als ein positives Kriterium zu werten: Hier geht's der Botanik gut.

Von wesentlicher Bedeutung ist es, ob die Immobilie als *freehold* oder als *leasehold* angeboten wird. Ersteres bedeutet, dass mit dem Erwerb auch alle Rechte am Grundstück auf den Käufer übergehen. Bei einem *leasehold* erwerben Sie lediglich die Bausubstanz; Grund und Boden gibt Ihnen der *lease lender* nur in Erbpacht. Mehr darüber im nachfolgenden Kapitel über Grundstücksrecht.

■ **2. Umfang der Liegenschaft.** Manches Grundstück in England ist nur gerade so groß wie das Haus, das auf ihm steht. Das muss aber nicht von Nachteil sein, wenn es ein Objekt in der Stadt oder Stadtnähe ist. Allerdings benötigen Sie wohl einen Autostellplatz. Manchmal wird in Immobilienanzeigen darauf hingewiesen, dass es Parkmöglichkeiten ohne Einschränkung auf der Straße gibt, falls kein Abstellplatz fürs Auto zur Verfügung steht. Im Allgemeinen gehören aber Einzel- oder Doppelgaragen zum Standard.

Außerhalb von Ortschaftslagen kann die zum Objekt gehörende Fläche von 250 Quadratmeter bis zu mehreren Dutzend Hektar betragen. Meist werden Grundstücke mit dem Flächenmaß *acre* angegeben (entspricht unserem altpreußischen Morgen = 4046,8 qm). Ausgedehnte Grundstücke können eine lohnende Investition darstellen, aber abgesehen vom daraus resultierenden Kaufpreis erhebt sich die Frage nach der sinnvollen Nutzung bzw. Bewirtschaftung größerer Grundstücksflächen.

Ganz entscheidend aber ist die Frage: Stimmt die Größe des Ihnen angebotenen Grundstücks genau mit den Angaben überein, die in den Katastern eingetragen sind? Was wirklich zum Umfang des Grundstücks zählt, weist einzig der Grundbuchauszug (*land certificate*) aus, nicht die großzügige Geste des

Verkäufers, dessen Arm einen riesigen Halbkreis und damit ein wunderschönes Stück Landschaft beschreibt, das ihm vielleicht nur zu einem Teil gehört.

■ **3. Größe der Gebäude.** Hier wird ein bereits weiter vorn behandeltes Thema relevant: Wie viele Personen sollen das Objekt bewohnen, vor allem: ganzjährig oder nur zeitweilig? Je größer die Wohnfläche, desto höher die Aufwendungen für Ausbauten, Einrichtung und für die laufende Instandhaltung, Reinigung, Heizung, Aufsicht – vom Kaufpreis ganz abgesehen.

Andererseits zeigt es sich erfahrungsgemäß immer erst im Nachhinein, dass man mehr Nebenfläche als angenommen benötigt: für eine Werkstatt, zum Unterstellen von Gartenmöbeln und -geräten, für Fahrräder, Rasenmäher, Schubkarren. Auch an eine gesicherte und wettergeschützte Zwischenlagerung von Möbeln und von Baumaterial wäre zu denken.

Einen »klassischen« Keller, wie ihn bei uns die meisten Ein- oder Mehrfamilienhäuser auch auf dem Lande aufweisen, haben in England nur wenige Häuser. Meist liegt das an dem relativ hohen Grundwasserspiegel, so dass eine Art Caisson (Wanne) gebaut werden müsste, um den Keller verlässlich trocken zu halten. Oder man hat(te) überhaupt keinen Bedarf an Kellerräumen, was vor allem für ältere Gebäude zutrifft: Sie verfügten weder über eine zentrale Heizungsanlage noch gab es Waschmaschinen oder Tiefkühltruhen, die man heute dort vorzugsweise unterbringt. Sollte das Haus zu den Ausnahmen gehören und tatsächlich einen nutzbaren Keller haben, so wird in den Angeboten meist deutlich darauf hingewiesen.

Viele größere Villen verfügen über ein *granny flat.* Mit *granny* bezeichnet man eigentlich die Großmutter (*grandmother*), die man in einer kleinen Einliegerwohnung unterbringt. Ist die Oma eines Tages verschieden, ziehen die Kinder ins *granny flat*, oder man wandelt es in ein Büro oder eine Gästewohnung um.

■ **4. Alter der Gebäude.** Sehr alte Gebäude haben eine Ausstrahlung, die faszinieren kann. Es ist aber nicht nur eine Frage des Ambiente oder – für den Pragmatiker – von akademischer Bedeutung, ob das Anwesen sehr alte Gebäude um-

fasst. Bei einem hundert und mehr Jahre alten Gebäude empfiehlt es sich unbedingt, nach eventuellen Auflagen zu fragen. Die Denkmalschutzbehörde Englands (National Trust) ist sehr darauf bedacht, historische Substanz zu bewahren. Der Hinweis *listed* zeigt an, dass das betreffende Gebäude geschützt ist, wobei es mehrere Abstufungen (*grade 1*, *grade 2*) gibt. Das Alter der Gebäude ist zugleich ein Qualitätsausweis: Man hat um 1900 auch in England sehr viel solider gebaut als in den sechziger und siebziger Jahren.

Die meisten der mit *listed* bezeichneten Gebäude sind mehr als einhundert Jahre alt. An ihnen darf man keine äußerlichen Veränderungen vornehmen oder Anbauten hinzufügen. Aber nicht jedes diesbezügliche Gesuch wird glattweg abgelehnt. Manchmal lohnt ein zweiter Anlauf, und wenn die geplanten Modifizierungen das Prädikat *period* verdienen (etwa: zeitgemäß im Aussehen und Material), ist die Angelegenheit zumindest verhandlungsfähig.

Falls Sie sich für ein älteres Haus interessieren, kommen Sie nicht umhin, sich mit der englischen Architekturgeschichte zu beschäftigen, die sich – wie andernorts auch – an den Perioden diverser Regentschaften orientiert. *Tudor*, *Victorian*, *Georgian* – oder *just period*.

■ **5. Bewohnt, vermietet, belegt?** Bei einem derzeit noch vom Eigentümer bewohnten Anwesen, das Sie bei Erwerb aber selbst beziehen möchten, ist eine schriftliche Zusicherung notwendig, die eine Räumung bis spätestens zu diesem Zeitpunkt zum Inhalt hat. Handelt es sich bei dem Objekt allerdings um eine vermietete Wohnung, so könnte der derzeitige Mieter einen noch bestehenden Mietvertrag vorweisen, der Ihnen einige Geduld in Bezug auf den Einzug abverlangt. Lang- oder mittelfristig vermietete Wohnungen werden deshalb oftmals sehr viel preisgünstiger angeboten als leerstehende.

Oft ist eine zum Verkauf stehende Immobilie noch nicht gleich verfügbar, weil ihr derzeitiger Besitzer selbst auf ein anderes Anwesen reflektiert, in welches er noch nicht einziehen kann, weil dieses ebenfalls noch bewohnt wird oder weil er seine Finanzierung noch nicht geregelt hat. So verharren manchmal drei, vier oder auch mehr Parteien unter Zeitdruck in Wartestellung. In diesem Fall spricht man von einer *chain* (Kette), die sich nur auflöst, wenn das an der ersten Stelle stehende »Kettenglied« hierzu den Anfang macht. Aber sie kann auch an ungewollter Stelle brechen, nämlich wenn sich eine der Parteien ausklinkt.

■ **6. Das Anwesen steht leer.** Wie lange schon? Je länger, desto größer ist die Wahrscheinlichkeit, dass erheblicher Arbeitsaufwand nötig ist, die Räume in einen bezugsfertigen Zustand zu versetzen, von baulichen Maßnahmen einmal abgesehen.

Lange Perioden des Unbewohntseins und Leerstehens müssen nicht unbedingt bedeuten, dass das Objekt verkommen ist. Wichtig ist eine ausreichende, permanente Belüftung der Räume, vor allem in alten Häusern, und aus diesem Grund können undichte Fenster oder ein paar zerbrochene Scheiben durchaus ihr Gutes haben. Bei dem in vielen Regionen relativ feuchten Klima in England ist ein Durchlüften besonders wichtig.

Ein Anwesen, das mehrere Jahrzehnte lang nicht mehr bewohnt wurde und sich Ihnen nur noch als Ruine präsentiert, also einen völligen Neuaufbau erfordert, könnte zwar ein historisch reizvolles Objekt darstellen, stellt aber auch ein Risiko dar. Vielleicht lohnt ein Stehen lassen der Grundmauern; dennoch ist die Beratung durch einen kompetenten Architekten vor dem Kauf anzuraten.

■ **7. Eigentümer.** Es ist durchaus nicht selbstverständlich, dass derjenige, der Ihnen ein *freehold*-Objekt zum Kauf anbietet, auch dessen gesetzlicher oder alleiniger Eigentümer ist. Er kann zum Beispiel einer Erbengemeinschaft angehören – in diesem Fall muss er von allen seinen Miterben bevollmächtigt sein, dass er von ihnen zum Verkauf der Liegenschaft beauftragt ist. In aller Regel wird der Makler Ihnen den oder die rechtmäßigen Eigentümer nennen.

Bei einem *leasehold*-Objekt haben Sie es vermutlich mit einer Gesellschaft oder einer Kommune zu tun, mit der Sie den Vertrag abschließen. Deren Beauftragte haben Handlungsvollmacht, die Ihr Notar (*solicitor*, *conveyancer*) zu prüfen hat.

Ländliches Anwesen in Lincolnshire mit Fischteich und eigenem Reitplatz. Solche Objekte sind immer noch recht preiswert zu bekommen.

8. Der Kaufpreis. Ist das für Sie in Frage kommende Objekt über einen Makler ausgeschrieben, wird sein Preis ein »Festpreis« sein. Der ist aber dennoch als Verhandlungsgröße anzusehen, sofern das Objekt bereits längere Zeit zur Disposition steht. Erscheint Ihnen der geforderte Preis unangemessen, steht es Ihnen frei, einen Gutachter (*surveyor*) einzuschalten, der seinerseits einen Preis ermittelt. Das ist durchaus nicht unüblich.

Derzeit wird in Großbritannien eine Verordnung diskutiert, wonach bereits der Verkäufer ein solches Gutachten erstellen lassen (und bezahlen) soll; Gegner dieser Verordnung führen an, dass solche Gutachten wenig Wert hätten, da sie stets im Sinne des Verkäufers und damit nicht wirklich neutral und objektiv ausfallen würden. Englands staatlich anerkannte Gutachter (organisiert in der *Royal Institution of Charterd Surveyors*) würden sich jedoch freuen, bekäme diese Verordnung Gesetzeskraft: Sie würde ihr Geschäft verdoppeln, weil dann künftig für jedes Objekt sowohl ein Verkäufer- als auch ein Käufer-Gutachten eingeholt würde.

Fast alle Immobilienanzeigen in der englischen Fach- oder Tagespresse bzw. in den Katalogen der Agenturen, die regelmäßig erscheinen, enthalten Preisangaben. Ist dies nicht der Fall, so können Sie davon ausgehen, dass für das Objekt ein sehr hoher Preis erwartet wird – oder dass man auf ein Angebot von Käuferseite wartet.

Eine Richtlinie für Quadratmeterpreise gibt es in England nirgends. Man kennt zwar Durchschnittswerte für eine bestimmte Gegend, auch liefert die *Royal Institution of Chartered Surveyors* (Adresse im Anhang) gewisse Anhaltspunkte, letzten Endes ist aber alles eine Frage der Verhandlung und der persönlichen Einschätzung. Nur wo Vergleiche durch eine Vielzahl von Angeboten möglich sind, liegen die Preise schon aus Gründen des Wettbewerbs nicht sehr weit auseinander.

9. Zahlungsmodalitäten. Auf welcher Zahlungsweise besteht der Verkäufer? Normalerweise setzen die Notare von Verkäufer und Käufer eine Vereinbarung auf, nachdem die Parteien handelseinig geworden sind (*sale agreed*), die eine Art Vorvertrag darstellt. Der Käufer zahlt etwa zehn Prozent des Kaufpreises als Anzahlung und begleicht den Rest beim *exchange of contracts*, also bei der Eigentumsübergabe durch Vertragsunterzeichnung. Die Zahlungen erfolgen zumeist auf Konten der Notare als Treuhänder.

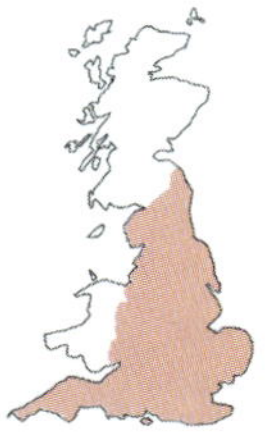

■ **10. Lasten auf dem Grundstück.** Im Regelfall kümmert sich der Notar, der den Kaufvertrag aufsetzt, auch um die Fragen eventuell bestehender Lasten. Grundsätzlich gehen Verpflichtungen aus einer bestehenden Hypothek (*mortgage*) nicht auf den Erwerber der Immobilie über. Der Verkäufer muss seine bestehenden Darlehensverpflichtungen abwickeln, der Käufer pflegt einen lastenfreien Besitz zu übernehmen.

■ **11. Auflagen, Rechte Dritter.** Zahlreiche ältere und historisch bedeutsame Bauten, zu denen auch ein kleines, unscheinbares *cottage* in einem abgelegenen Tal zählen kann, stehen – wie bereits ausgeführt – in England unter Denkmalschutz. Damit können Auflagen verbunden sein, eine Restaurierung, Modernisierung oder bauliche Erweiterung betreffend.

Rechte Dritter könnten in Form eines Vorkaufsrechts (*right of pre-emption*) durch Nachbarn eines bestimmten Grundstücks bestehen, zum Beispiel bei landwirtschaftlich nutzbaren Flächen. Und als »Nachbarn« kommen nicht nur die in Frage, deren Grund unmittelbar an das von Ihnen zu kaufen beabsichtigte Objekt angrenzt. Am besten erkundigen Sie sich, falls Sie ein ländliches Anwesen erwerben wollen, ungeachtet der Angaben des Maklers beim *Land Registry* nach den in Frage kommenden Nachbarparteien und geben diesen von der Kaufabsicht mit 30-Tage-Einspruchsfrist Kenntnis.

Wie bei uns, könnten den Nachbarn zustehende Nutzungsrechte an Wegen bestehen, die über das von Ihnen favorisierte Grundstück führen. Normalerweise wird man Sie auf diese Rechte Dritter gleich zu Anfang aufmerksam machen, andererseits können solche Rechte aber seit Generationen zu Gewohnheiten und Selbstverständlichkeiten werden, so dass man gar nicht mehr darüber spricht. Also sollte der Kaufinteressent bzw. sein Notar dieses Thema in den Fragenkatalog aufnehmen.

Es gibt auch ein Leitungsrecht (Wasser, Strom), das Ihr Grundstück eventuell tangiert. Oder eine bestehende Ver-

pflichtung zu eingeschränkter Bebauung, die natürlich zu einer Minderung des Kaufpreises führt – wenn man von ihr weiß.

Auch könnten Forstrechte Dritter eine Bebauung einschränken, vor allem wäre der Landschaftsschutz zu nennen. Hierüber erhalten Sie beim *Land Registry* ebenfalls Auskunft, wo auch die genau vermessene Grundstückslage zu erfahren ist, sofern darüber Zweifel bestehen.

Im umgekehrten Fall könnte das Ihnen angebotene Grundstück keine öffentliche Zufahrt aufweisen. Dann wären Sie darauf angewiesen, ein Nachbargrundstück hierfür in Anspruch zu nehmen. Vermutlich besteht in einem solchen Fall ein Wege- und auch Leitungsrecht zu Ihren Gunsten.

■ **12. Beschaffenheit der Bausubstanz.** Ein Laie vermag in den seltensten Fällen zu beurteilen, ob größere bauliche Maßnahmen zur Restaurierung, Sanierung und Erhaltung eines älteren Hauses erforderlich sind oder ob man mit einem Minimum an Arbeiten auskommt, diese eventuell sogar selbst durchführen kann. Der Zustand der Grundmauern, der tragenden Innenwände, des Dachstuhls, des Daches sollten von einem Baufachmann beurteilt werden, unabhängig von Ihren Plänen in Bezug auf Veränderungen.

Nicht nur Haupt- und Nebengebäude, sondern auch Einfriedungen, also Einfassungsmauern und Tore müssen sorgfältig geprüft werden. Machen Sie sich darauf gefasst, dass die Restaurierung eines zwar romantischen, aber heruntergekommenen Einfamilienhauses einschließlich der vermutlich dringend notwendigen Erneuerung aller sanitären Anlagen und der Installation einer modernen Heizung in der Summe 70.000 Pfund Sterling sehr schnell erreicht.

Zur Beurteilung einer Eigentumswohnung, ob im Erstbezug oder von einem Vorbesitzer übernommen, und des Hauses, in welchem sie sich befindet, sollte man möglichst einen Architekten hinzuziehen. Das Honorar für seine Konsultation, umgerechnet etwa £100 bis £300 (ca. DM 330 bis DM 990 = 169 bis 506 Euro) – je nach Größe des Objekts – ist in jedem Fall geringer als der Aufwand, einen von Ihnen nicht rechtzeitig erkannten und reklamierten Baufehler zu reparieren. Ein Gutachten für ein größeres Anwesen kann zwischen £300 und £500 (ca. DM 990 bis DM 1650 = 506 bis 844 Euro) kosten.

■ **13. Instandsetzungsarbeiten.** Sind Arbeiten wie Erneuerungsmaßnahmen am Dachstuhl oder an der Deckung, das Einziehen neuer tragender Balken und von Zwischenwänden, der Einbau neuer Fenster und Türen oder Reparaturen im Installationsbereich notwendig, muss deren Reihenfolge festgelegt werden. Priorität genießt immer das Dach. Es empfiehlt sich eine überschlägige Kalkulation der Gesamtkosten durch einen oder mehrere Fachleute. Bedenken Sie auch den Zeitfaktor bei den anstehenden Arbeiten – und setzen Sie den von Ihnen anfänglich geplanten Einzugstermin schon jetzt vorsichtshalber um drei oder vier Monate weiter nach hinten. Terminzusagen von Handwerkern sind in England ebenso wenig verlässlich wie bei uns.

Beim Errechnen der voraussichtlich entstehenden Restaurierungskosten verkalkuliert sich der Nichtfachmann und Hobbywerker meist sehr. Denn der Umfang vieler Arbeiten ist im Vorhinein nicht erkennbar und stellt sich erst im Laufe der Zeit heraus. Machen Sie sich klar, dass mancher Posten in der von Ihnen zunächst überschlägig aufgestellten Schätzung der Arbeiten und Materialkosten am Ende aufs Doppelte hinauslaufen kann.

■ **14. Architekten und Handwerker vor Ort.** Auch in kleineren Ortschaften finden Sie vermutlich Bauhandwerker, Zimmerleute, Dachdecker für notwendige Bau- bzw. Restaurierungsmaßnahmen, Innenausbauten oder Renovierungen. Empfehlungen zufriedener Nachbarn sind immer noch der beste Weg, zuverlässige Leute zu bekommen. Ihr Makler wird Ihnen ebenfalls Empfehlungen geben und einen Architekten nennen können.

Entscheiden Sie sich möglichst für die Verwendung landes- und ortsüblicher Baumaterialien, sowohl für Restaurierungsarbeiten als auch bei der Erstellung eines Neubaus. Zum einen können ortsansässige Handwerker damit besser umgehen, zum anderen passt ein bayrischer Balkon nicht zu einem Landhaus in den Cotswolds.

■ **15. Wasser-, Gas- und Stromversorgung.** Hat das von Ihnen avisierte Objekt einen kommunalen Wasseranschluss? Innerhalb geschlossener Ortschaften oder in unmittelbarer Ortsnähe wird sich die Frage nach ausreichender Wasserversorgung kaum stellen. Aber in abgelegenen Gegenden könnte es sein, dass das betreffende Objekt nicht an das Versorgungsnetz angeschlossen ist; die Entsorgung findet dort durch eine Grube (*cesspit*) statt. Man ist in diesem Fall also auf einen eigenen Brunnen mit elektrischer Pumpe und auf einen Gruben-Entleerungsdienst angewiesen.

Der Wasserverbrauch wird per Uhr ermittelt, üblich sind monatliche Abschlagszahlungen.

In England beträgt die Wechselstromspannung 240 Volt. Es konkurrieren heutzutage verschiedene Energiefirmen um die Gunst der Verbraucher; lassen Sie sich gut beraten. Dasselbe gilt für die Gasversorgung. Noch gibt es außerhalb der größeren Städte nur wenige Gegenden, die mit Ferngas versorgt werden; individuelle Öl- und Elektroheizungen sind vorrangig zu finden.

■ **16. Zufahrtswege.** Auf dem Lande kann dieses Kriterium mit einiger Problematik behaftet sein. Die Pflege ausschließlich privat genutzter Zufahrten, egal von welcher Länge, wird von den Kommunalbehörden in aller Regel ignoriert und ist Sache der Anlieger. Soll hier (auch im Interesse des Briefträges und Ihrer Lieferanten) etwas geschehen, sind Eigeninitiative und entsprechendes Gerät gefragt. Wenn mancherorts beides bisher nicht vorhanden war, wird man es sehr begrüßen, wenn Sie als neu Hinzuziehender aktiv werden. Sprechen Sie sich aber mit Ihren Nachbarn ab, die Ihnen vielleicht triftige Gründe nennen, warum manches lieber so bleibt, wie es ist. Das Auto mit Vierradantrieb ist möglicherweise die bessere Alternative zur einer teuren und am Ende all zu auffälligen Grundstückszufahrt.

■ **17. Andere Interessenten.** Jeder zweite Makler, das darf unterstellt werden, wird Ihnen überzeugend versichern, dass noch einige weitere Interessenten auf das von Ihnen in Erwägung gezogene Objekt reflektieren und dass daher ein schneller Entschluss vonnöten sei. Ob dies der Wahrheit entspricht oder nicht: Überstürzen Sie keine Entscheidung. Die »anderen Interessenten« tun es nämlich auch nicht. Unter Zeitdruck handeln, heißt Risiken eingehen.

Der Makler ist aber verpflichtet, jedes auch nur vage geäußerte Interesse an einem Objekt dem Verkäufer mitzuteilen. Und da reizvolle Liegenschaften auch auf diversen Wegen und meist in mehreren Medien angeboten werden, ist die Wahrscheinlichkeit groß, dass Sie nicht der Einzige sind, der sich meldet. Dennoch sollte die Erwähnung, dass andere Interessenten am Ball sind, Sie nicht dazu verleiten, ein höheres Gebot abzugeben.

Es gibt Mittel, um festzustellen, ob zur Zeit (noch) mehrere Interessenten für das Objekt optieren. Dies ist nämlich um so unwahrscheinlicher, je länger das betreffende Objekt bereits zum Verkauf steht. Auf Ihre diesbezügliche Frage wird Ihnen der Verkäufer oder Vermittler dies vielleicht nicht mitteilen; Sie erfahren den Tatbestand aber durch Nachbarn, die das meist sehr genau wissen.

Dass andere Interessenten vor Ihnen sich für das Objekt negativ entschieden, muss nicht unbedingt an einem »Pferdefuß« liegen, den jene entdeckt haben und der Ihnen möglicherweise verborgen blieb. Jeder hat individuelle Gründe, aus denen ein selbst sehr reizvolles Objekt bei näherer Inaugenscheinnahme doch nicht in Frage kommt. Manche Häuser warten wirklich sehr lange auf den Käufer, Kenner, Liebhaber – und es gibt letztendlich für jeden Interessenten genau das richtige Objekt.

■ **18. Infrastruktur.** Wo viele Menschen wohnen, werden Sie auch eine Infrastruktur vorfinden, die ihren Bedürfnissen entspricht: Verkehrsmittelanbindung, Einkaufsmöglichkeiten, Servicebetriebe, Gastronomie, medizinische Versorgung. Auf dem Lande jedoch, vor allem in weitab gelegenen Gebieten, sieht das ganz anders aus. Finden Sie also heraus, wie weit Sie es bis zu den nächsten Geschäften haben, wo sich die nächste Tankstelle und ein Kundendienstbetrieb für Ihren Wagen befindet, wie Sie – falls Ihr Auto mal streiken sollte – mit öffentlichen Verkehrsmitteln weiterkommen. Ebenso wichtig: Arzt, Apotheke, Krankenhaus. Sind Sie als Junggeselle auf die

Nähe eines Waschsalons angewiesen, möchten Sie als Sportsnatur regelmäßig ein Fitness-Center aufsuchen, sind Sie ein leidenschaftlicher Golfspieler?

Wenn Sie sich permanent in England ansiedeln möchten und Kinder haben, ergeben sich weitere Fragen hinsichtlich Schulbesuch, Nähe eines Kindergartens, Jugendclubs. Senioren könnten eines Tages auf regelmäßige Betreuung angewiesen sein. In romantischer, aber doch einsamer Abgeschiedenheit verkompliziert sich manches allein durch lange Anfahrtswege. An all dies ist zu denken, ehe Sie die Wahl Ihres Standort treffen.

■ **19. Wiederverkauf.** Bedenken Sie auch, dass Sie sich irgendwann vielleicht einmal veranlasst sehen, das Objekt wieder zu verkaufen. Je extremer die Lage oder die Art der Immobilie, desto schwerer könnte sich später ein Interessent dafür finden lassen. Manche Liebhaberstücke sind letztendlich nur über einen sehr niedrigen Preis wieder zu verkaufen. Wenn Sie sich für den Erwerb eines Anwesens entschließen, das sehr lange Zeit auf einen Käufer wartete, so müssen Sie damit rechnen, dass auch Sie eines Tages Probleme mit einem Weiterverkauf haben könnten.

■ **20. Umweltbelästigungen.** Vergewissern Sie sich genau, ob das von Ihnen favorisierte Objekt in der Nähe einer Einrichtung liegt, die Ihnen über kurz oder lang den Aufenthalt verleiden könnte. Das mag eine Bahnlinie sein, die Sie zuvor gar nicht wahrgenommen haben, auf der aber in den Nachtstunden pausenlos Güterzüge vorbeirattern (was je nach Windrichtung stärker oder schwächer wahrnehmbar ist). Das kann ein Industriebetrieb hinter der nächsten Hügelkuppe sein, von dessen Emissionen Sie nichts mitbekommen haben, weil Sie Ihr Traumgrundstück an einem Wochenende besichtigt haben. Das kann eine regelmäßig von schweren Muldenkippern befahrene Nebenstraße sein, die zu einer von Ihnen anfangs unbemerkt gebliebenen Kiesgrube führt oder von der man Ihnen gesagt hat, sie sei längst nicht mehr in Betrieb.

Grundstücke in Meeresnähe sind immer gefragt. Halten Sie es aus, dass hier das Wetter oft windig und wechselhaft, im

Winter auch stürmisch ist? Und ob eines Tages einige Seemeilen vor der Küste ein Tanker auseinander bricht, kann auch niemand vorhersagen. Für keinen Strand, für keine Insel- oder Klippenküste auf der ganzen Welt kann man heute noch eine Garantie abgeben, dass sie auf ewige Zeiten ihre Unverdorbenheit behalten. Die Anstrengungen von Natur- und Umweltschutz werden zwar immer größer, aber sie können uns nicht vor den Folgen jener Katastrophen bewahren, die Orkane und andere, extreme Klimaerscheinungen mit all ihren Folgen verursachen.

Britisches Grundstücksrecht

Zwei der wichtigsten Begriffe im britischen Grundstückswesen wurden bereits erwähnt. Sie lauten *»freehold«* und *»leasehold«*. Ihnen begegnet man in fast jedem Angebot, in jedem Immobilien-Inserat, auf jedem Aushang im Schaufenster eines Maklers.

Freehold bedeutet, dass das Objekt frei verfügbar ist und dass es auf einem Grund steht, an welchen kein anderer als der *proprietor* über ein Eigentumsrecht verfügt (was nichts mit einer eventuell vorhandenen hypothekarischen Belastung zu tun hat). Als frei verfügbares Eigentum kann ein *freehold*-Objekt einschließlich Grund und Boden auf einen Erwerber übergehen.

Der Begriff *leasehold* lässt sich am besten mit Erbpacht übersetzen. Die hiermit gekennzeichneten Häuser oder auch Eigentumswohnungen können zwar beliebig verkauft werden, aber ohne das Grundstück, auf welchem sie stehen. An diesem hat der Immobilienkäufer nur ein Pachtrecht. Er darf es nutzen, aber es gehört ihm nicht.

»Leasehold 75 years« bedeutet beispielsweise, dass der Käufer (oder sein Rechts- bzw. Erbnachfolger) noch 75 Jahre über das betreffende Objekt verfügen kann. Nach Ablauf der Frist wäre ein neuer Erbpachtvertrag auszuhandeln und zu schließen. Käme der nicht zu Stande, müsste(n) das (die) Gebäude theoretisch entfernt werden. Was natürlich niemand tut: Viele alte Häuser in England stehen auf Grundstücken, über die

schon zum wiederholten Mal Pachtverträge abgeschlossen wurden. In der Regel werden diese *leasing contracts* auf 90 Jahre begrenzt, häufig besteht aber ein Verlängerungsrecht und es wird bei einem Besitzerwechsel ein neuer Vertrag aufgesetzt, so dass der Käufer (beim *leasehold* heißt er *lessee*) bei einer nur noch relativ kurzen Laufzeit (als solche sieht man eine unter 30 Jahren an) die Gelegenheit bekommt, seinerseits auf mindestens 70 Jahre auf »Nummer Sicher« zu gehen.

Im Übrigen werden auf 100 Jahre abgeschlossene *leasehold*-Verträge wegen der langen Laufzeit meist schon als *freehold* bezeichnet. Mit einem privaten *lease-lender* einigt man sich in der Regel auf 50 Jahre. Es gibt auch Verträge, die am Ende der Laufzeit ein Vorkaufsrecht (*right of pre-emption*) durch den *lessee* vorsehen. Es heißt dann: *»he takes a freehold«*.

Um keine Illusionen entstehen zu lassen: Der Verkaufspreis eines *leasehold*-Objekts, dessen Vertrag vielleicht schon 50 Jahre Laufzeit hinter sich hat, kommt keinesfalls zu jenem Betrag auf den Markt, für welchen es der jetzige Besitzer vor fünf Jahrzehnten einmal erworben hat (nicht nur, weil in der Zwischenzeit etwa Modernisierungen stattgefunden haben). Oft handelt es sich beim *lease lender* um eine große Finanzgruppe, um den Staat, um eine Gemeinde oder um die Krone. Sie alle behalten sich die Eigentumsrechte an ihrem Boden vor und beauftragen Verwaltungsgesellschaften mit dem *Property Management*.

Ein eigentliches, allgemein gültiges Grundstücksrecht gibt es in England nicht, weder für britische Staatsangehörige noch für Ausländer. Selbst für Kreditgeschäfte und Hypotheken auf Immobilien existieren keine Gesetzesgrundlagen. Man hält sich an alte Gepflogenheiten und Rechtsauffassungen, wie zum Beispiel an jene, die noch heute wie vor vielen hundert Jahren gilt: die *Squatter's Rights*. Diese finden Anwendung, wenn jemand ein Stück Brachland in Besitz nimmt, dort einen Garten anlegt, ihn einfriedet, dort eine Hütte errichtet. Erhebt innerhalb von zwölf Jahren niemand – auch der rechtmäßige Eigentümer des Grundstücks nicht – Anspruch auf die okkupierte Fläche, kann sich der Besetzer als *property owner* im Grundbuchamt eintragen lassen, was nur zweierlei voraussetzt: einen hieb- und stichfesten Nachweis, dass seit seiner »Landnahme« wirklich zwölf Jahre vergangen sind (und das ist meist schwer nachweisbar), und eine genaue Vermessung des beanspruchten Grundstücks durch einen Geometer, damit es überhaupt registrierbar ist. Falls sich der rechtmäßige Grundstückseigentümer innerhalb von vier Wochen nach dem Aufgebot meldet, wäre dies nach zwölf Jahren Duldung eine letzte Gelegenheit, dem *Squatter* eine Besitzüberschreibung zu verwehren.

Zugegeben, solche Besitzergreifungen finden heute äußerst selten statt. Kurz nach dem Zweiten Weltkrieg aber haben in England viele großstadtkranke Kleingärtner auf diese Weise Minigrundstücke an Bahndämmen ergattert, wo sie lange genug keine Behörde und kein Verwalter fernab residierender Lordschaften behelligte. Nach Ablauf von zwölf Jahren waren Tausende von liebevoll kultivierten Gartenzwerg-, Obst- und Gemüseparzellen zu *legal properties* im Besitz neuer Eigentümer avanciert.

Immobilienvermittlung durch einen Makler

Wie in Deutschland, so gibt es auch in England seriöse und weniger seriöse Immobilienmakler. Aber man gerät verhältnismäßig selten an ein »Schwarzes Schaf« unter den Agenturen. Es empfiehlt sich sehr, sich einem *Estate Agent* anzuvertrauen, dessen Geschäft zu einer der großen Gruppen wie *The Guild of Professional Estate Agents* gehört und in der *National Association of Estate Agents (NAEA)* organisiert ist, eine Organisation, die das britische Gegenstück zum VDM darstellt.

Man kennt in England noch eine weitere Spezies der Immobilienmakler: den *Relocation Agent*. Während der *Estate Agent* immer nur im Auftrage eines Verkäufers aktiv wird, handelt der *Relocation Agent* im Interesse eines Käufers, von dem er mit der Suche nach einem Objekt beauftragt wird. Je genauer der Kunde vorgibt, was er sucht, desto maßgeschneiderter sind die Offerten, die er bekommt. Der *Relocation Agent* sieht sich die in Frage kommenden Objekte an, lässt sie von einem neutralen Gutachter schätzen, handelt mit dem Verkäufer einen Preis aus. Wer nicht unter Zeitdruck steht, hat als Käufer die besten Chancen, auf diese Weise sein Traumhaus zu finden.

The North West of England & North Wales

PROPERTY

Magazine

JULY 1999 | NO: 244 | £1.95

THE PROPERTY PLATFORM

WORLD WIDE WEB

http://www.property-platform.com

The GUILD of PROFESSIONAL ESTATE AGENTS

INDEPENDENT ESTATE AGENCY......at its best

Es gibt Maklerbüros, die beide Servicemodelle anbieten. Ihre Mitarbeiter handeln aber nicht in Personalunion; die Geschäftsbereiche werden strikt getrennt gemanagt.

In manchen Inseraten liest man den Hinweis *chain-free*. Eine »Kette« (*chain*) entsteht dadurch, dass jemand ein Haus verkaufen möchte, dafür aber noch keinen Käufer gefunden hat, während er selbst aber bereits die Option auf ein neues Objekt abgegeben hat, dessen Besitzer sich entweder seinerseits vor irgend ein Auszugsproblem gestellt sieht oder erst dann auf Unterschrift und Geld hoffen kann, wenn ein Nachfolger sein bisheriges Anwesen verkauft und das Geld dafür kassiert hat. Die Kette Käufer-Verkäufer-Käufer-Verkäufer kann aus drei, vier oder noch mehr »Kettengliedern« bestehen; je mehr es sind, desto komplizierter wird es, und desto mehr Zeit vergeht, bis alle Beteiligten ihr Ziel erreicht haben und die Kette sich auflöst. Ist ein Haus *chain-free*, unterliegt der Verkäufer also keinem kettenbedingten Handlungszwang.

Makler, die sich auf die Vermittlung von Mietobjekten spezialisieren, findet man seltener. Die meisten sind in der *Association of Residential Letting Agents* organisiert; unter dieser Bezeichnung finden Sie deren Vertreter auf den Gelben Seiten.

Jeder Makler in Großbritannien und ein in seinem Auftrag handelnder Notar ist an den *Property Misdiscription Act* von 1993 gebunden, der vorschreibt, dass einer

Seriöse Makler machen vieles einfacher: Auftragsformular eines Estate Agent.

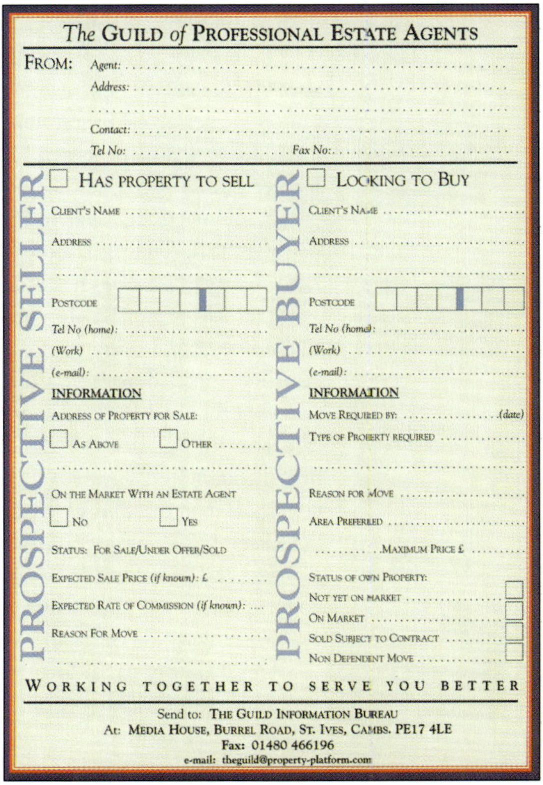

The GUILD *of* PROFESSIONAL ESTATE AGENTS

FROM: Agent: ....
Address: ....
....
Contact: ....
Tel No: .... Fax No: ....

PROSPECTIVE SELLER

☐ HAS PROPERTY TO SELL
CLIENT'S NAME ....
ADDRESS ....
....
POSTCODE
Tel No (home): ....
(Work) ....
(e-mail): ....
INFORMATION
ADDRESS OF PROPERTY FOR SALE:
☐ AS ABOVE ☐ OTHER ....
....
ON THE MARKET WITH AN ESTATE AGENT
☐ NO ☐ YES
STATUS: FOR SALE/UNDER OFFER/SOLD
EXPECTED SALE PRICE (*if known*): £ ....
EXPECTED RATE OF COMMISSION (*if known*): ....
REASON FOR MOVE ....
....

PROSPECTIVE BUYER

☐ LOOKING TO BUY
CLIENT'S NAME ....
ADDRESS ....
....
POSTCODE
Tel No (home): ....
(Work) ....
(e-mail): ....
INFORMATION
MOVE REQUIRED BY: .... (date)
TYPE OF PROPERTY REQUIRED ....
....
REASON FOR MOVE ....
AREA PREFERRED ....
.... MAXIMUM PRICE £ ....
STATUS OF OWN PROPERTY:
NOT YET ON MARKET .... ☐
ON MARKET .... ☐
SOLD SUBJECT TO CONTRACT .... ☐
NON DEPENDENT MOVE .... ☐

WORKING TOGETHER TO SERVE YOU BETTER

Send to: THE GUILD INFORMATION BUREAU
At: MEDIA HOUSE, BURREL ROAD, ST. IVES, CAMBS. PE17 4LE
Fax: 01480 466196
e-mail: theguild@property-platform.com

Linke Seite:
Hier sind Profis am Werk:
Property Estate Magazine.

Objektbeschreibung ausschließlich Fakten, nicht Meinungen wiedergegeben werden dürfen. Floskeln wir *»believed to be built in the 16th Century«* oder *»the nicest rual setting, in our opinion«* haben in Offerten nichts zu suchen. Alle Angaben müssen für jeden Interessenten nachprüfbar (*supported by evidence*) sein.

Die Rolle des Notars

Wiederholt wurde auf die Funktion des Notars verwiesen. Es ist bei einer Immobilien-Transaktion nicht nur ratsam, sondern notwendig, seine Dienste in Anspruch zu nehmen. Vor allem als Ausländer sind Sie auf seine Kenntnisse und Erfahrungen in Vertrags- und Behördendingen angewiesen, außerdem fungiert der Notar als Treuhänder für die Übermittlung von Zahlungen; er führt für Sie ein Kundenkonto (*client's account*). Es ist zweckmäßig, ihn mit weitgehenden Vollmachten (*deeds*) auszustatten.

Einen Notar (*solicitor, conveyancer*) zu finden, ist nicht schwer, aber ehe Sie auf die Suche gehen und Türschilder studieren, vertrauen Sie besser auf Empfehlungen. Ist ein Makler eingeschaltet, kann der Ihnen nicht seinen Hausnotar empfehlen, denn Sie als Käufer haben nicht nur das Recht, sondern sogar die Pflicht, einen eigenen Rechtsvertreter zu benennen. Ein Makler kann dennoch Empfehlungen aussprechen, denn er kennt die in Frage kommenden Gentlemen seiner Region sicher gut.

Der Notar des Käufers pflegt im Auftrag seines Mandanten einen langen Fragenkatalog (*enquiries before contract*) zu erstellen, die er dem Notar des Verkäufers zuleitet. Die Notare von Käufer und Verkäufer handeln anschließend alle Konditionen aus und bereiten den *exchange of contracts* und die Zahlungsmodalitäten vor. Das Übergabedatum des Objekts heißt *completion date*; mit den Unterschriften erfolgt die Übergabe der Schlüssel. Die Vertragsvereinbarungen im *Sale & Purchase Contract* werden mit den Unterschriften bindend. Rechtlich vollzogen aber ist der Eigentumswechsel erst mit dem Eintrag im *Property Register*, auf die man zwei bis drei Wochen zu warten hat.

Der Notar wird für Sie vorher alle Recherchen (*local authority search*) unternehmen, ob z. B. die Gemeinde geplant hat, demnächst eine Straße quer über Ihr künftiges Grundstück zu bauen, oder ob Auflagen seitens des Landschaftsschutzes bestehen. Er wird alle erforderlichen Auszüge besorgen, die Eintragung ins *Property Register* vorbereiten und feststellen, ob es bei der Transaktion eventuell irgendwo »Haken und Ösen« geben könnte. Er wird Ihnen bei Verhandlungen mit dem Makler und dem Hypothekengeber zur Seite stehen, sofern Sie einen in Anspruch nehmen, oder Ihnen einen Steuerberater nennen, falls Sie ihn benötigen. Der Notar ist eine Vertrauensperson und gesetzlich zur Verschwiegenheit verpflichtet.

Kaufpreis, Finanzierung, Hypotheken

Haben Sie Ihr Traumobjekt gefunden, steht es Ihnen frei, dem Verkäufer bzw. seinem Makler ungeachtet seiner Preisvorstellung ein Gegenangebot zu unterbreiten. Dies sollte sich jedoch auf ein Gutachten stützen, sonst haben Sie kein sicheres Argument für Ihr (vermutlich niedrigeres) Gebot. Sprechen Sie auch Ihren *mortgage lender* (Hypothekengeber) auf dieses Thema an. In der Regel einigen sich Verkäufer und Verkäufer, wenn die Differenz nicht all zu groß ist, in der Mitte.

Rechtzeitig vor Abschluss der Vor- und Kaufverträge sollten Sie eine Gesamtaufstellung der auf Sie zukommenden finanziellen Belastungen vornehmen. Es wäre ein Idealfall, wenn Sie den Kauf eines Objekts im Ausland so abschließen können, dass keine Fremdfinanzierung erforderlich ist, also ohne die Inanspruchnahme von Bankkrediten, privaten Darlehen oder die Eintragung einer Hypothek (*mortgage*). Die Konditionen für Zins und Tilgung sind in Großbritannien nicht gerade günstig; Anfang 2000 lagen die Hypothekenzinsen bei durchschnittlich 8 Prozent.

Man kennt im Hypothekengeschäft fünf Muster:

■ **1. Endowment Mortgage.** Hier handelt es sich um eine Hypothek, die mit einer Lebensversicherung gekoppelt ist, wobei die fälligen Raten zu gleichen Teilen auf zwei Konten gezahlt werden: Mit einer Hälfte bezahlt man die laufenden Zinsen, mit der anderen die Prämien der Versicherung, deren Höhe sich nach der aufgenommenen Hypothek richtet. Ist der Versiche-

Go east:
Vom Tourismus weitgehend verschont sind die Grafschaften Cambridge, Norfolk und Suffolk (Seaside-Cottage, Norfolk).

rungsvertrag erfüllt, gilt vom gleichen Zeitpunkt an die Immobilie als lastenfrei. Stirbt der Versicherungsnehmer vorher, wird die Hypothek-Restschuld aus der auszuzahlenden Versicherungssumme beglichen; die Hypothek kann gelöscht werden.

■ **2. Repayment Mortgage.** Regelmäßige Raten über einen vereinbarten Zeitraum für Zins und Tilgung. Abschluss einer Lebensversicherung ist erwünscht.

■ **3. Interest Only Mortgage.** Für diese Hypothek werden monatlich nur die Zinsen bezahlt. Der aufgenommene Betrag wird an einem zuvor festgesetzten Zeitpunkt in voller Höhe durch eine Einmalzahlung getilgt. Interessant für jene, die in absehbarer Zeit mit der Erstattung einer größeren Summe (z. B. durch eine Abfindung, aus einer Lebensversicherung oder einer Beteiligung o. ä.) rechnen können.

■ **4. Pension Plan Mortgage.** Wie *Endowment Mortgage*, nur wird hierbei die Hälfte der Einzahlungen in die Lebensversicherung der Hypothekentilgung zugeführt. Wird meist jüngeren Menschen empfohlen. Übertragbar auf ein anderes Objekt.

■ **5. Investment-linked Mortgage.** Darlehen für zusätzliche Investitionen an einem Objekt, wenn es z. B. ein neues Dach oder durch den Denkmalschutz bedingte Instandsetzungsarbeiten benötigt werden.

Finanzierungen mit Hypothekengarantie (Absicherung eines Grundpfandrechts) spielen sich in der Regel zwischen 50 und 90 Prozent des Kaufpreises ab. Die *Personal Mortgage Advisors* einer Bank oder spezielle Hypothekenbanken wie die *Mortgage Intelligence Group* bieten umfassende Beratungsdienste an. Eine Hypothek lässt der Notar beim Land Register eintragen.

Bei einem Antrag auf eine Hypothek wird man Ihnen die Summe, die man Ihnen zur Verfügung stellt, nach etwa acht Tagen nennen. Mit dieser schriftlichen Zusage (*mortgage offer*) begeben Sie sich zum Makler, der nun seinem Notar »grünes Licht« gibt.

Eine Finanzierung bzw. Hypothekarbürgschaft mit Finanzierungsgarantie für eine Immobilie im Ausland kann aber auch von einer Bank oder Bausparkasse im Heimatland des Käufers übernommen werden. Die deutschen Landes-Bausparkassen zum Beispiel bieten seit einiger Zeit Finanzierungsmodelle für Immobilienerwerb außerhalb Deutschlands an. Die effektiven Jahreszinssätze bewegten sich Anfang 2000 um die 6,1 bis 6,6 Prozent.

Die für eine Finanzierung Ihrer Immobilie in Anspruch genommene Bank wird darauf bestehen, dass Sie eine Versicherung gegen Risiken (Wasserschaden, Feuer, Folgen von Blitzschlag) abschließen. Aber Sie werden Ihr Objekt ja vermutlich ohnehin versichern lassen.

Abschluss des Kaufvertrages

Wie bereits weiter vorn erwähnt, geht dem Abschluss eines Immobilien-Kaufvertrages eine Vereinbarung voran, die ausdrückt, dass beide Parteien sich prinzipiell handelseinig geworden sind. In diesem Stadium sind 5 bis 10 Prozent Anzahlung zu leisten. Die Notare arbeiten auf diesem *sale agreed* einen Vertrag aus, der als *draft contract* bezeichnet wird. Der unter *sale agreed* ausgehandelte Kaufpreis kann von dem im *draft contract* genannten abweichen, wenn sich Käufer und Verkäufer zwischenzeitlich darüber einig geworden sind, dass im Gegensatz zu der ursprünglichen Absprache beispielsweise bestimmte Reparaturen noch vom Verkäufer bzw. erst später vom Käufer vorgenommen werden sollen.

Bis zur Unterzeichnung des Vertrages darf der Makler am Objekt eine Tafel anbringen, auf der *sale agreed* zu lesen ist. Zum einen ist das im Falle eines attraktiven Objekts eine gute Reklame für den Immobilienvermittler, zum anderen ein Hinweis darauf, dass der Vertrag noch nicht unterzeichnet wurde. Denn sollte es – wider Erwarten – nicht zu einer Unterzeichnung kommen, könnten weitere Interessenten, die auf das Objekt reflektieren, eine Chance haben.

Sind alle *enquiries* zur Zufriedenheit des Käufers beantwortet, keine unzumutbaren Auflagen erkannt worden und die Finanzierung (*offer of mortgage*) gesichert, steht der Vertragsunterzeichnung nichts mehr im Wege. Dieser *completion* genannte feierliche Vorgang wird durch den Austausch der *transfer documents* ergänzt, die den tatsächlich erfolgten Objektübergabe quittieren. Erst jetzt ist der restliche Kaufpreis fällig.

Da der Kaufvertrag einige wichtige Klauseln enthalten könnte, über die zwar gesprochen wurde, die Sie aber vielleicht nicht in ihrer ganzen Bedeutung erfasst haben, kann eine Übersetzung ins Deutsche bzw. ein parallel auf Deutsch abgefasster Vertragstext durchaus von Nutzen sein.

Wenn mehrere Personen, z. B. Ehepaare, gemeinsam als Käufer oder als Hypothekennehmer auftreten, kann dies zu genau gleichen oder auch zu ungleichen Teilen geschehen (*equal* oder *unequal rights*). Im Vertrag werden die unter den Partnern vereinbarten Rechte exakt definiert.

Provisionen, Steuern, Gebühren

Wer baut oder renoviert, fährt auf weite Sicht besser, wenn er einheimische Handwerker und Hilfskräfte engagiert.

Zum Kaufpreis der Immobilie addieren sich bekanntlich Steuern und diverse Gebühren. Ihre Summe kann eine beträchtliche Höhe ausmachen, so dass ein auf den ersten Blick vielleicht recht günstig erscheinender Preis für ein Objekt am Ende doch nicht ganz so attraktiv ist. Zusätzliche Posten in Ihrem Finanzierungs-Gesamtmodell sind:

- **Maklerprovision.** Ein Immobilienmakler in England erhält für seine Bemühungen und Aufwendungen vom Verkäufer, der ihn beauftragt hat, eine Provision. Ihre Höhe bewegt sich zwischen 2 und 6 Prozent, bezogen auf die Kaufsumme im Vertrag.

  Auf die Provision muss der Verkäufer die gesetzliche Mehrwertsteuer

(VAT) in Höhe von 17,5 Prozent zahlen. Der Käufer beteiligt sich an der Provision nicht. Hat er einen *Relocation Service* in Anspruch genommen, ist dieser natürlich von Seiten des Käufers zu honorieren. Die Höhe der Gebühren ist vorher auszuhandeln.

■ **Notargebühren.** Die Kostennote, die der Notar für seine Tätigkeit ausstellt, wird sich zwischen £500 und £800 (ca. DM 1650 und DM 2650 = 844 bis 1355 Euro) plus Mehrwertsteuer bewegen.

Der Notar des Verkäufers wird diesem eine Rechnung in ähnlicher Höhe stellen. Für den Auszug aus dem Hypothekarverzeichnis sind etwa £100 und für sonstige anfallende Leistungen weitere £150 zu veranschlagen.

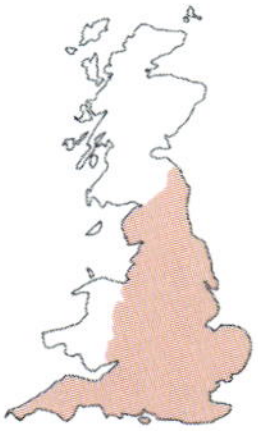

■ **Grundbucheintrag.** Die Eintragung im *Land Registry* kostet in der Regel £120 (ca. DM 360 = 184 Euro).

■ **Grunderwerbssteuer.** Bei Objekten, die für weniger als £60.000 den Besitzer wechseln, zahlt man in England keine Grunderwerbssteuer. Für den Betrag zwischen £60.000 und £250.000 kassiert der Fiskus 1 Prozent, für den zwischen £250.000 und £500.000 2 Prozent, für den über £500.000 3 Prozent.

■ **Council Tax.** In fast allen Grafschaften Englands wird eine *Council Tax* erhoben, deren Höhe von der Größe, von der Zahl und dem Status der Bewohner des Anwesens und von anderen Kriterien abhängt. Die diese Steuer von den Gemeinden festgelegt und erhoben wird, kann sie innerhalb des Landes stark differieren, dennoch ist sie relativ gering. Im Kapitel »Willkommen als Steuerzahler in England« finden Sie dazu weitere Einzelheiten.

Im Falle Sie Ihre Residenz in England weitervermieten, müssen Ihre im Ausland erzielten Einkünfte aus Vermietung und Verpachtung in Deutschland, im Falle Sie dort nach wie vor steuerpflichtig sind, in Ihrer Steuererklärung aufscheinen. In England entrichtete Abgaben vermindern die daraus entstehende Steuerschuld. Es könnte aber sein, dass Ihnen durch das Vermieten gar kein Gewinn verbleibt, durch bestimmte Aufwendungen am Ende sogar ein Verlust entsteht. Den können Sie als privater Vermieter einer Immobilie im Ausland bei ihrem deutschen Finanzamt aber leider nicht steuermindernd geltend machen.

Baugenehmigung, Auflagen

Unbebaute Grundstücke werden in England selten angeboten. Man hat das Gefühl, es steht schon überall dort ein Haus, wo es sich lohnen könnte, eins hinzustellen. Dabei macht das Land keinen zersiedelten Eindruck, so wie zum Beispiel das Hinterland der Côte d'Azur.

Vielleicht haben Sie das Glück, ein Areal zu finden, um sich dort Ihr Traumhaus errichten zu lassen. Als Interessent für ein unbebautes Grundstück, auf dem Sie bauen möchten, erkundigen Sie sich schon beim ersten Ortstermin, ob dort überhaupt gebaut werden darf, und wenn ja, in welcher Dimension, Positionierung und Ausführung.

Ihr Notar wird für Sie beim *Land Registry* in Erfahrung bringen, wie die Dinge stehen. Landschaftsschutz oder als ausschließlich zu landwirtschaftlicher Nutzung ausgewiesenes Gelände beispielsweise könnten der Erteilung einer Baugenehmigung just dort, wo Sie sich in Ihrer Phantasie schon auf der Terrasse mit Blick auf die am Horizont im Morgenlicht schimmernde Bergkette der Wenlock Edge sitzen sehen, grundsätzlich entgegenstehen.

Die Suche nach einem unbebauten Grundstück könnte auch über einen Architekten Erfolg haben, der ja daran interessiert ist, für einen prospektiven Kunden ein attraktives Baugelände ausfindig zu machen.

Oder über eine Baugesellschaft wie die David Wilson Homes (*www.dwh.co.uk*), die sich darauf spezialisiert hat, regionaltypische Häuser zu Festpreisen nach Katalog zu erstellen. Dies sind keine Fertighäuser, sondern individuelle Objekte in klassischer Bauweise, entworfen von Architekten und Designern mit einem Faible für das, was man in England so gern als *Heritage* bezeichnet.

Nachbarlicher Einspruch

Nur in Ausnahmefällen wird es wegen Ihres Bauvorhabens zum Streit mit einem Grundstücksnachbarn kommen. Es könnte aber sein, dass Ihre Baupläne vom Architekten auf dem zuständigen Behörden nicht allen Anliegern zur Kenntnis gegeben wurden (oder dies ganz und gar versäumt wurde) und nun jemand, der sich dadurch brüskiert fühlt, Forderungen stellt, nachdem die Bauarbeiten bereits begonnen haben. Es gibt hier nur eine Lösung: Die gütliche Einigung mit Ihrem Kontrahenten, schon im Hinblick auf das zukünftige Nachbarschaftsverhältnis.

Die Einigung kann auf zweierlei Wegen erfolgen: Sie ändern Ihre Baupläne und lassen sie neu genehmigen, oder Sie bieten dem Nachbarn eine Entschädigung an. In aller Regel wird er die zweitgenannte Möglichkeit bevorzugen. Wie reichlich ein solches Trostpflaster bemessen sein sollte, ist auszuhandeln; gegebenenfalls konsultieren Sie eine Vertrauensperson und bitten, falls Fremdverschulden die Ursache des nachbarlichen Protests darstellt, auch die daran Beteiligten zur Kasse.

Mieten und Vermieten

Wenn Sie nur vorübergehend in England sesshaft werden wollen (oder sollen), wird sich für Sie das Mieten eines Hauses oder einer Wohnung eher anbieten als der Kauf einer Immobilie. Wo Sie den Hinweis *to let* lesen, bedeutet dies, dass die betreffende Wohnung oder das Haus zur Vermietung ansteht. Interessant für Sie?

Vielleicht schon deshalb, weil das Anmieten eines reizvollen Objektes zunächst keine umfangreichen Mittel bindet und weil Sie erst einmal in Ruhe, vielleicht für ein halbes oder ganzes Jahr, prüfen können, was Ihnen der geplante Ausstieg bietet. Sie hätten den Vorteil einer festen Adresse in England, ohne die Verpflichtungen, die Grundbesitz mit sich bringen; Sie könnten sich allmählich einleben und in Ruhe das Grundstück Ihrer Sehnsüchte suchen.

Vielleicht stellen Sie auch fest, dass der Kauf einer Immobilie für Sie aus bestimmten Gründen gar nicht erstrebenswert ist. Nur ist das Mieten einer Wohnung oder eines (möblierten) Apartments in England verhältnismäßig teuer. Eine Zweizimmerwohnung in romantischem Altstadtambiente von Winchester, Chippenham, oder Tunbridge Wells kostet Sie bei einem langfristigen Vertragsverhältnis pro Monat umgerechnet rund 1200 bis 2000 Mark (614 bis 1023 Euro) Kaltmiete, je nach Ausstattung. Für eine repräsentative Komfortwohnung von rund 140 qm Wohnfläche, zahlt man in einem dieser Orte um die 2700 Mark (1380 Euro), für ein kleines, jüngeres Einfamilienhaus im Bungalowstil auf dem Lande beträgt die

Monatsmiete zwischen 2900 und 3600 Mark (1483 bis 1841 Euro). Toplagen in klassischen Holidaygebieten rangieren wesentlich darüber.

Immobilienagenturen, die *Residential Letting Services* anbieten, verweisen auf ihre Dienste, die auch eine Vermietung eines von Ihnen erworbenen Objekts während der klassischen Ferienzeiten einschließen. Zumindest für einige Monate im Jahr, an denen Sie voraussichtlich nicht anwesend sein werden, könnte das interessant sein, weil ja entsprechende Mieteinnahmen hereinkommen.

Andererseits müssen Sie in Kauf nehmen, dass es sich in Ihren vier Wänden, in Ihrem Mobiliar und in persönlichen Sachen wildfremde Menschen bequem machen. Nicht nur sensible Naturen ärgern sich über Beschädigungen, Unreinlichkeit, eigenmächtig vorgenommene Veränderungen. Richten Sie Ihr Haus oder die Wohnung von vornherein unter Gesichtspunkten einer Weitervermietung ein, fällt Ihnen ein solcher Entschluss leichter. Oder Ihr Objekt ist so geschnitten, dass es zu einer Teilvermietung taugt, durch ein Einlieger-Apartment oder einen bzw. mehrere zusätzliche Wohntrakte. Dann bleibt Ihnen Ihr persönlicher Wohnbereich zu jeder Zeit vorbehalten.

Dauervermietung bedeutet, dass Sie Ihr Haus oder ihre Wohnung über einen längeren Zeitraum nicht selbst nutzen können. Bis es soweit ist – Alterssitz! –, kann er sich durch Vermietung aber weitgehend finanziert haben. Eine interessante Rechenaufgabe. Nur ist bei einer solchen langfristigen Planung ein rechtzeitiges Freiwerden so früh wie möglich einzuleiten.

Übernehmen Sie ein Objekt, in welchem Mieter durch noch laufende Verträge Wohnrecht haben, so lassen Sie sich sämtliche Verträge vorlegen und vergewissern Sie sich auch, ob und in welcher Höhe Mietkautionen hinterlegt wurden.

In der Nähe von Universitätsstädten werden Sie ein Zimmer oder ein 2-Zimmer-Apartment jederzeit gut vermieten können. Meist wird wöchentlich gezahlt; über die Höhe der ortsüblichen Miete erkundigen Sie sich am besten in der Nachbarschaft. Für ein kleineres möbliertes Zimmer werden meist so um die £50 bis £60 pro Woche bezahlt.

Das Abschließen eines Mietvertrages vollzieht sich mehr oder weniger wie in Deutschland. In der Regel bindet er die Parteien aber nicht nur für ein oder zwei Jahre mit der Option auf Verlängerung, sofern keine Partei unter Einhaltung einer bestimmten Frist kündigt, sondern jeweils für einen Dreijahreszeitraum. Natürlich ist das letztlich eine Sache der individuellen Vereinbarung, ebenso wie die Frage der Renovierung eines Mietobjekts. Zu klären wäre die Frage der Nebenkosten und was sie alles einschließen. Üblich ist ferner eine Mietkaution, meist in Höhe dreier Monatsmieten, die wie bei uns verzinst wird.

Wiederverkauf, Vererbung, Schenkung

Nicht in allen Ländern darf man als Ausländer sein Haus oder Grundstück ohne weiteres wieder verkaufen. In der Schweiz zum Beispiel gibt es da erhebliche Einschränkungen. Nun, in England dürfen Sie über Ihr Objekt frei verfügen.

Es muss jedoch davon abgeraten werden, eine solche Transaktion ohne Beratung durchzuführen. Wenn Sie einen Interessenten an der Hand haben, brauchen Sie zwar keinen Makler, aber für den Käufer wickelt sich alles so ab wie in Ihrem Fall, als Sie die Immobilie erwarben. Überlassen Sie dennoch Ihrem Notar alles Übrige, das spart Ihnen unendlich viel Zeit und Geld.

Die Einschaltung eines Immobilienmaklers ist von Vorteil, wenn Sie weder einen Interessenten kennen noch sich um die ganze Abwicklung selbst kümmern wollen. Der *Estate Agent* wird das Objekt eingehend besichtigen und (auf seine Kosten) von einem Gutachter schätzen lassen. Er wird Fotos anfertigen. Vorsicht, wenn der Makler Ihnen sehr viel mehr zu erzielen verspricht, als Sie angenommen haben: Er wird vermutlich einen Alleinauftrag erhalten wollen und Sie davon abzubringen versuchen, einen zweiten oder dritten einzuschalten – was Ihr gutes Recht wäre.

Allerdings sollte ein von mehreren Maklern angebotenes Objekt nicht zu unterschiedlichen Preisen ausgeschrieben sein.

Die vom Verkäufer zu zahlende Provision für den Vermittler beträgt zwischen 2 und 6 Prozent auf den erzielten Preis, zuzüglich 17,5 Prozent Mehrwertsteuer (VAT).

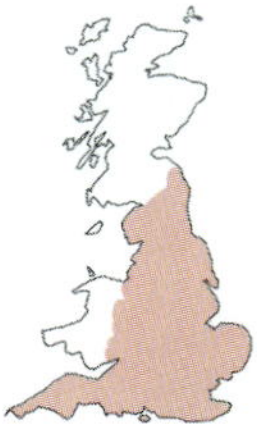

Im Fall einer Erbschaft, die in Großbritannien angetreten wird, können die Finanzbehörden beider Staaten aktiv werden, wenn der Erblasser deutscher Staatsangehöriger war. Die (vermutlich in Deutschland veranlagten) Erben Ihrer Immobilie werden also eines Tages – möge er in weiter Ferne liegen – sowohl in Deutschland als auch in England zur Kasse gebeten werden, denn hier findet das Doppelbesteuerungsabkommen keine Anwendung. Jedoch wird die in England entrichtete Erbschaftssteuer in Deutschland angerechnet. Vorausgesetzt werden schriftliche Nachweise der Zahlungen, mit Sicherheit auch beglaubigte Übersetzungen entsprechender Bescheide und Korrespondenzen.

Erbschaftssteuern (*death duties*) können die Erben größerer Besitztümer vor erhebliche Probleme stellen. Wenn sich der Gesamtwert des Erbes abzüglich aller Freibeträge und Vermächtnisse jedoch auf weniger als £230.000 (ca. 759.000 DM = 388.000 Euro) beläuft, ganz gleich, wie hoch der tatsächliche Verkehrswert der im Erbe enthaltenen Immobilie ist, fallen keinerlei Steuern an. Ein auf 500.000 Pfund zu taxierendes Objekt kann sich dann beispielsweise auf einen *threshold value* (Grenzwert) von weniger als die Hälfte seines realen Wertes reduzieren.

Für die Schenkungssteuer trifft das gleiche zu. Die Schenkung muss aber mindestens sieben Jahre vor dem Tode des Erblassers erfolgt sein, soll sie als solche anerkannt und nicht der Erbmasse zugerechnet werden. Zuwendungen innerhalb dieser sieben Jahre (Weihnachts- und Geburtstagsgeschenke zählen nicht dazu) sind mit 20% zu versteuern, sofern die jährlichen Beträge bzw. Sachwerte £3000 übersteigen.

6. Umstellung auf das Leben in England

Die »gute alte Zeit« ist in England vielerorts noch gegenwärtig. Mit Traditionen leben muss aber nicht mit rückständiger Denkweise verbunden sein.

Die Briten lieben einen gediegenen Wohnstil mit Ledersitzmöbeln und dicken Teppichen (Dormy House, Broadway).

Umzug: Planung, Formalitäten, Kosten

Ganz gleich, ob Sie vorhaben, in England zunächst nur ein paar Ferienwochen im Jahr zu verbringen, oder ob Ihre Planung dahingeht, sich dort Ihren Festwohnsitz einzurichten: Die mit der Etablierung im Ausland verbundenen Umstände sind weitgehend die gleichen. Bedenken Sie, dass ein Ausstieg auf Raten teurer wird als ein sorgfältig durchdachter Umzug unter Einbeziehung aller Überlegungen, was Sie von ihrem bisherigen Domizil ins neue verbringen wollen. Es empfiehlt sich folgende Vorgehensweise:

Erstellen Sie eine Liste darüber, was Sie an persönlichen Dingen mitnehmen möchten, an Erinnerungsstücken, Kleidung, Büchern, Sportsachen und so weiter. Wie viel davon und was lässt sich im Pkw verfrachten, eventuell in einem (geliehenen) Van?

Bei Dingen, die es neu anzuschaffen gilt, sollten Sie abwägen, was in Ihrem Heimatland besser oder günstiger zu bekommen ist als in England. Die Aufstellung sollte wirklich alles umfassen, womit Sie Ihr Anwesen ausstatten wollen, vom Geschirr bis zum Bettzeug, vom Fahrrad bis zum Rasenmäher. Wenn Sie die Liste am Ende zusammenstreichen, weil eine Anschaffung in England in manchen Fällen sinnvoller ist als der Kauf zu Hause (plus Transport), spart Ihnen dies Umzugskosten. Der Lademeter von Frankfurt am Main nach Mittelengland (rund 1000 Straßenkilometer) beispielsweise wird von deutschen Speditionen mit durchschnittlich 850 Mark (ca. 435 Euro) berechnet; hinzu kommen Kosten für eventuell notwendige Demontagen größerer Möbelstücke, Gestellung von Kartons sowie die Fähren- bzw. Tunnelgebühren nach England.

Privates Umzugsgut, das Sie von Deutschland nach England schaffen lassen, unterliegt keinerlei Anmeldepflicht an den Grenzen. Da innerhalb der EU-Länder ohnedies Zollfreiheit herrscht, können Sie hinüber und herüber transportieren, was immer Sie wollen.

Aber es gibt auch für den Warenverkehr innerhalb der EU-Länder ein paar Ausnahmen von den Freizügigkeitsregeln. Sie betreffen beispielsweise Jagd- und Sportwaffen.

Die Formalitäten bei der Inanspruchnahme eines Umzugsspediteurs beschränken sich nach der Prüfung verschiedener Angebote auf die Erteilung des formellen Auftrags, das Zusammenstellen der detaillierten Stückliste (mehrfach ausfertigen), den Abschluss einer Versicherung (das ist Sache des Spediteurs) und die Abstimmung aller Termine. Dann werden die Leihkartons bestellt und das Datum für die Abschiedsparty angesetzt.

Seien Sie an Ort und Stelle, wenn geladen wird, und erst recht, wenn ausgeladen wird, um die Verteilung des Umzugsgutes zu steuern. Möbelpacker sind übrigens wahre Verpackungskünstler; vertrauen Sie ihnen ruhig Ihr Porzellan, Ihre Gläser, Ihre Antiquitäten an. Stellen sich dennoch Beschädigungen heraus, die unterwegs erfolgt sind, müssen Sie sich an die Meldefrist halten, eventuell Fotos machen. Erfrischungen, Kaffee und eine gute Mahlzeit für Fahrer und Träger nicht vergessen, auch das branchenübliche Trinkgeld nicht. Es liegt bei etwa fünf Prozent der Rechnungssumme und teilt sich – nicht unbedingt gleichmäßig – unter die Mitarbeiter auf. Den genauen Schlüssel hierzu kennt der Chef der Mannschaft.

Natürlich können Sie sich einen Lkw mieten und den ganzen Job selber erledigen. Nur müssen Sie den gemieteten Dreieinhalbtonner wieder nach Hause zurückfahren und dort abgeben; ausländische Stationen nehmen nur Personenwagen im *one-way*-System zurück und berechnen meist auch dafür eine Extragebühr.

Rechnen Sie aus, was Sie vier bis sechs Lkw-Leihtage kosten werden, vergessen Sie die Spritkosten, eventuelle Autobahngebühren bei der Durchfahrt der Länder Belgien, Holland bzw. Frankreich und andere Spesen (Übernachtungen unterwegs) nicht, ebenso wenig die Rückfahrt nach England nach erfolgter Fahrzeugrückführung, denken Sie auch an Ihren gesamten Zeitaufwand, an den zu erwartenden Muskelkater, an die Bezahlung von Hilfskräften beim Be- und Entladen – und vergleichen Sie all das am Ende mit den Kosten, die beim Einschalten einer Speditionsfirma entstehen. Selbst bei einer kleineren Menge Umzugsgut dürfte es sich lohnen, die Sachen einem professionellen Transportunternehmen anzuvertrauen.

Einrichten und Wohnen

Wer bereits einige Male zu Gast bei englischen Familien gewesen ist, wird festgestellt haben, dass im United Kingdom drei Arten von Wohnungseinrichtungen vorherrschen, die sich mit nur geringen Abweichungen wiederholen. Da sind einmal jene Wohlhabenden, die ihre Häuser mit antikem, wertvollem Mobiliar bestückt haben, meist aus vorväterlicher Erbmasse und mit der Patina der guten alten Zeit versehen. Die Decke zieren schwarze Holzbalken, in den Tudor-Kaminen liegt dekorativ verkohltes Feuerholz aus dem frühen 19. Jahrhundert, auf dem Küchentisch (George III.) steht altes Spode-Porzellan neben chinesischem, das vielleicht schon der Herzog von Wellington in seinem Hauptquartier vor Waterloo benutzt hat.

Nostalgisch: Auch bei der Inneneinrichtung wird Tradition in England großgeschrieben.

Eine andere Kategorie hat die gleiche Sehnsucht nach nostalgischer Lebensform, erfüllt sie sich jedoch mit pseudo- und neo-antiken Stücken. Eine prosperierende Industrie versorgt diese Traditionalisten mit unendlich vielen Gegenständen »nach Art der alten Zeit«, mit denen sich ein Heim bis unter die Decke füllen lässt. Antiquitätengeschäfte in aller Welt sind ebenfalls dankbare Abnehmer für diese dekorativen, meist in Fernost hergestellten Replikate aus Holz und Messing. Zu den vielen Anbietern von Nostalgie-Artikeln (Kamine, Beschläge, Uhren, Laternen, Möbelstoffe, Bilderrahmen etc.) gehören die Firmen Past Times in Wilney, Oxford, OX8 6BH und das House of Brass, 45 Milton Street, Nottingham NG1 3EZ.

Die dritte Gruppe schließlich verzichtet auf all den britischen »Heritage-Barock« und richtet sich modern ein – oder

vielmehr in der Art, wie wir Kontinentaleuropäer es vor dreißig Jahren als modern bezeichnet hätten. Übrigens findet man in vielen Kleinstadthotels diese oft unglaublich hässlichen Wohnlandschaften. Auf den Gesimsen mischen sich hier liebevoll gestickte, kunstvoll gedrechselte, massenhaft gedruckte und raffiniert geflochtene Souvenirs von Lourdes, Andermatt und Salzburg unter solche von Brighton, Bath und Blackpool. Auch Flohmarktbeschicker leben von solchen Kunden.

Zur Ehrenrettung nicht zuletzt auch der englischen Innenarchitekten und Möbeldesigner wäre noch eine vierte Gruppe von Inselbewohnern zu nennen. Ihnen fehlt es weder an Geschmack noch an den Mitteln, ihr Heim so auszustatten, wie es die Blätter »Country Homes« oder »Period Living« so gern zeigen. Denn die Gilde der Möbel- und Interieurdesigner in England hat sehr viel mehr zu bieten als Plüschsessel, künstliche Kaminfeuer und viktorianischen Flohmarkt-Schnickschnack. Bekannte Wohnungsausstatter wie Watts & Wright, Robinson & Cornish, The Bronte Furniture Co. oder Jonathan Avery verstehen es ausgezeichnet, alte Stilelemente mit zeitgenössischen zu kombinieren und einer Wohnung jenen unnachahmlichen Landhaus-Charme zu verleihen, wie man ihn unter klassisch-englischem Ambiente nur verstehen kann. Ihre Kataloge sind eine einzige Verführung (wobei anzumerken wäre, dass sich die Einrichtungsbranche zunehmend auf die Angabe aller Maße von Zoll auf Zentimeter umstellt).

Natürlich findet der Liebhaber antiken Mobiliars in England ein sehr großes Angebot feiner Stücke, originale wie exzellent imitierte, in allen Preislagen und Stilrichtungen. Und keineswegs nur *made in Hong Kong*. Aber auch das Angebot an guten Polstermöbeln, vornehmlich in Leder, ist in England sehr groß. Es wäre unsinnig, solche Möbel aus Deutschland herüberzubringen.

Die Engländer legen gern jeden Wohn- und Schlafraum mit Teppichware aus, auch Badezimmer. Entsprechend umfangreich ist das Angebot an Auslegeware, selbst in kleineren Einrichtungsgeschäften. Apropos Bad: Mischbatterien für warmes und kaltes Wasser sind weniger üblich, meist hat man separate Hähne. Und überall naturbelassenes Holz, an den Wänden, an der Decke.

Elektrogeräte sollte man ausschließlich in England kaufen. Schon wegen der dreipoligen Stecker. Im übrigen unterscheiden sich auch das Verlegen von Leitungen und das System der Schalter, mit denen man die Stromzufuhr zu einer Steckdose individuell unterbricht, von allem, was wir auf dem Kontinent gewöhnt sind. Lampen: Viele Glühlampen haben eine Bajonettfassung.

Doppelt verglaste Fenster kennt man noch nicht allzu lange. Die üblichen, vertikal zu öffnenden Schiebefenster älterer Bauart sind oft zugig, haben dadurch aber den Vorteil einer permanenten Luftzirkulation.

Geheizt wird in England vorzugsweise mit Ferngas und elektrischem Strom. Ein Sechszimmer-Einfamilienhaus verbraucht durchschnittlich 390 kW pro Jahr (die Kilowattstunde kostet ca. 1,4 *pence*), die Grundgebühr (*standing charge*) beläuft sich im Schnitt auf £26 im Jahr. Haushaltsstrom wird in der Regel mit 12 *pence* pro Tag und 6 *pence* pro kW/h berechnet. In allen Energiepreisen sind 5 Prozent VAT (Mehrwertsteuer) enthalten. Den Markt teilen sich eine Vielzahl von Energielieferanten wie MANWEB, East Midlands, Seeboard, Southern Electric, Swalec, SWEB und andere.

Der Wasserverbrauch wird nach Gewicht abgerechnet. Anfang 2000 kostete in Südengland 1 lb (knapp 460 g) Wasser 0,31 *pence*, Toilettenwasser 0,27 *pence*. Das entspricht einem Kubikmeterpreis von ca. DM 18,50 bzw. DM 21,–.

Ein eigenes Haus ist in England gleichbedeutend mit einem Stück Garten dazu. Ganz gleich, welche Dimensionen er aufweist: Er verlangt Liebe und Fürsorge rund ums Jahr. Das Thema *gardening* wird in England sehr groß geschrieben, woraus sich auch die immense Zahl an Baumschulen, Gärtnereien, Garten-Centers und Spezialgeschäfte für Gartengeräte erklärt. Das milde Klima besonders in der südlichen Hälfte des Landes kommt den Ambitionen passionierter Gartenfreunde sehr entgegen, vor allem denen, die auf selbst angebautes Gemüse Wert legen.

Nicht zuletzt gilt des Engländers Leidenschaft auch dem *conservatory*, dem Wintergarten, der bei einem Haus auf dem Lande keinesfalls fehlen darf. Konfektionierte Gebilde unterschiedlichster Stilrichtungen werden in allen Preislagen angeboten.

Bankwesen, Geldtransfer

Angenommen, Ihre Pläne für den Erwerb einer Immobilie verlaufen in einer Richtung, die Ihren Vorstellungen entspricht. Doch noch bevor Sie die erste Unterschrift auf irgend ein Formular oder Dokument setzen, sollten Sie in England über ein Girokonto verfügen, um finanzielle Transaktionen vom Heimatland aus komplikationslos durchführen zu können. Also führt Sie einer Ihrer ersten Wege auf der britischen Insel zu einem Geldinstitut.

Ein Konto zu eröffnen, ist kein Problem. Es genügt, einen Pass vorzulegen und eine Wohnadresse anzugeben. So lange Sie noch keine eigene Adresse haben, akzeptiert man auch die c/o-Anschrift bei einer einheimischen Person, über die Sie erreichbar sind. Eine Mindesteinzahlung ist nicht erforderlich. Bevor Sie über einen Überziehungskredit verhandeln, sollte Ihr Konto indessen erst einmal einige Monate lang regelmäßige Einzahlungen verbuchen.

Besitzer eines Postsparbuches konnten einst an jedem Postschalter, egal in welchem europäischen Land, Abhebungen (in der jeweiligen Landeswährung) vornehmen. Diese Zeiten sind seit 1999 vorbei. Das Postsparbuch im neuen Millennium ist eine Scheckkarte (*»SparCard«*), mit der man im Inland wie im Ausland nicht am Postschalter, sondern an jedem Geldautomaten, der das Visa-Plus-Zeichen trägt, Geld abheben kann. Im Ausland ist diese Art der Bargeldbeschaffung um 1 bis 2 Prozent günstiger als per Bank-, Visa- oder Eurocard, denn die Postbank rechnet zum Brief- und nicht zum Sorten-Wechselkurs ab. Außerdem wird das Konto pro Abhebungsvorgang in Fremdwährung mit nur 5 Mark belastet, während die meisten anderen Geldinstitute 10 bis 15 Mark dafür berechnen.

Die von der *Royal Mail* betriebenen Postämter in England bieten seit einiger Zeit in Zusammenarbeit mit der *Leicester & Giro* einen eigenen Bankservice an. Hier kann man Geld wechseln und andere Giro-Bankgeschäfte tätigen, auch per *Home Banking* (sehr beliebt in England).

Direktüberweisungen von Ihrem Bank- oder Postbankkonto zu Hause auf ein Konto in England dauern erfahrungsgemäß nicht mehr so sehr lange wie einst, höchstens fünf bis

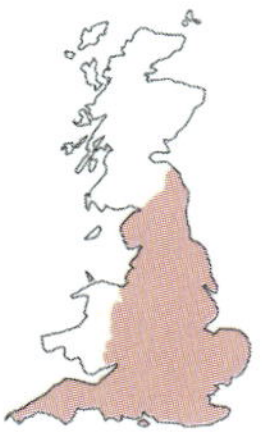

sieben Arbeitstage. Aber nach wie vor werden hohe Transfergebühren berechnet.

Wer den Weg der Barabhebung größerer Summen von seinem Konto in Deutschland und der anschließenden Einzahlung auf ein Konto im Ausland wählt, sollte den Betrag an der Grenze deklarieren und sich die Einfuhr durch die britischen Grenzbehörden bestätigen lassen. Den Auszahlungsbeleg Ihrer Bank daheim haben Sie gewiss bei sich. Bei Bareinzahlungen von 1000 Pfund und mehr ist der Herr oder die Dame am Schalter eines jeden Geldinstituts verpflichtet, nach Ihrem Pass oder Ausweis, ferner nach der erwähnten Einfuhrdeklaration bzw. anderen Unterlagen zu fragen, die eine eindeutige Herkunft des Betrages erkennen lassen. Auch die Überweisung von Beträgen über 5000 Mark (= 2556,46 Euro) ins Ausland unterliegt der Meldepflicht – zu statistischen Zwecken nach §§ 59 ff der Außenwirtschaftsverordnung, wie auf dem A4-Formular steht, ganz gleich, ob am Schalter vorgenommen, telefonisch, per Fax oder Online. Den Banken ist vorgeschrieben, sämtliche Transfers von dieser Größenordnung aufwärts im Außenwirtschaftsverkehr der Zentralbank des Landes zu signalisieren.

Anfallende Überweisungsspesen können entweder zu Lasten des Einzahlenden gehen (OUR-Regelung) oder zu Lasten des Begünstigten (BEN). Trägt der Überweisende den Gebührenteil seiner Bank und der Begünstigte die übrigen Entgelte, nennt man dies eine Share-Überweisung. Beim Einreichen von Schecks erhält man stets den Nominalwert ausbezahlt, die Gebühren werden dem ausstellenden Konto belastet.

Kontobewegungen vollziehen sich in England wie woanders auch. Für alles gibt es genormte Zettelchen und Formblätter, und die Auszüge holt man sich am Schalter ab, falls man auf den Zustellung per Post verzichtet. Geldautomaten zum Bezug von Barem befinden sich in fast allen Bankhallen oder an den Fassaden der Gebäude. Pro Automatenabhebung belastet man Ihr Konto, sofern es bei einer ausländischen Bank geführt wird, mit 10 bis 15 Mark; ist es ein Konto in England, sind die Gebühren minimal. Daueraufträge heißen *standing orders*, und die Abbuchung vom Konto durch Dritte (Lastschriftverfahren) nennt man *direct debit*. Das Kürzel APR (bei Krediten) bedeutet *annual percentage rate* = effektiver Jahreszins.

Die Bezahlung mit der Scheckkarte, mit Visa- oder Mastercard ist in England zum alltäglichen Usus geworden. Laut Statistik verfügen 35 Millionen Briten über mindestens eine Kreditkarte; sie machen von ihr dreimal so oft Gebrauch wie Kreditkartenbesitzer in Deutschland. Die Kreditkarten vieler Banken sind mit Zusatznutzen verbunden, z. B. Flugmeilen-Boni oder Rabatt beim Einkauf in bestimmten Kettengeschäften.

Geöffnet haben die Banken in der Regel montags bis freitags von 9:15 bis 16:45 Uhr durchgehend. Einige Zweigstellen halten an manchen Tagen ihre Schalter länger offen.

Handwerker, Dienstleistungen, Hilfskräfte

Eins werden Sie als Heimwerker bald feststellen: In England findet man sehr viel weniger Baumärkte als bei uns. Nur im Einzugsbereich großer Städte gibt es in den Gewerbegebieten solche Geschäfte großer Handelsketten. Der lokale Baustoffhandel ist im Durchschnitt längst nicht so reichhaltig sortiert wie bei uns.

Ob Neubau oder Renovierung eines alten Hauses: Sie sind mit Sicherheit auf Handwerker und Hilfskräfte angewiesen. Einen Installationsservice oder einen Schreiner nennt Ihnen sicher Ihr Grundstücksnachbar, und auch alle anderen Dienstleistungen werden wie in Deutschland angeboten, zu vergleichbaren Konditionen – und mit letztlich vergleichbaren Erfahrungen.

Denn auf manche dienstbaren Geister warten Sie mitunter wochen- oder gar monatelang. Strikt eingehaltene Terminzusagen sind eher die Ausnahme als die Regel. Andererseits werden auch Handwerkerrechnungen oft erst mit monatelanger Verzögerung ausgestellt – ein fairer Ausgleich.

Noch bewegen sich die Entlohnungen für Handwerker auf niedrigerem Niveau als bei uns. Selbst ein guter Spezialist berechnet nicht mehr als £14 bis £18 für die Stunde. Hilfskräfte pflegt man mit £6 bis £8 zu bezahlen, und für Freundschaftsdienste auf dem Lande – Sohn des Nachbarn hilft im Garten, seine Schwester jobbt als Babysitter – tut es ein Stun-

denlohn von £3 bis £4. Das sind natürlich alles »Landpreise«; in größeren Städten ist das Niveau um 20 bis 25 Prozent höher.

Auch Hilfskräfte sollten ihre Einkünfte versteuern. Das ist nicht Ihre Sache, schon gar nicht, wenn Sie jemanden vom *Employment Service* (*Job Centre*) engagieren. Wer von dort geschickt wird, verrichtet seinen Job nicht in Schwarz- oder Nebenarbeit.

Ratsam ist, auf importierte Arbeitskraft, so sehr sie auf deutschen Großbaustellen gang und gäbe ist, zu verzichten. Wer sich zum Hausbau seine Maurer, Zimmerleute, Stuckateure, Fliesenleger, Dachdecker und Elektriker aus der Heimat mitbringt, darf sich nicht wundern, wenn die lokalen Vertreter dieser Zünfte bei später anfallenden Reparaturen oder Nachbesserungen nicht viel Lust verspüren, Kleinaufträge abzuwickeln. Schon bei der Abnahme wird es zu Schwierigkeiten kommen.

Sie handeln also klug, wenn sie sich als Auftraggeber einheimischer Arbeitskräfte bedienen und damit Ihr Wissen um landestypische Branchengepflogenheiten anreichern. Wer alte Vorurteile kultiviert und provokative Sprüche klopft wie »auf Vordermann bringen« (*make you toe the line*) oder »mal etwas dalli-dalli« (*get a move on*), wird damit wenig Erfolg haben.

Für die Dauer einer eventuell längeren Abwesenheit empfiehlt sich, falls sich keine nachbarschaftliche (und damit vielleicht preisgünstigere) Regelung anbietet, die Inanspruchnahme eines Hausbesorger-Service, der sich um Ihr Objekt kümmert, vor allem auch um Gartenanlagen, die Sie vermutlich nicht ohne Fürsorge lassen wollen.

Post, Telekommunikation, Fernsehempfang

Die Postzustellung Großbritanniens rühmt sich nicht wie die unsere, Briefe innerhalb von 24 Stunden zuzustellen. Aber Sie können durch einen *1st-Class*-Aufkleber (und höheres Porto) die Zustellung beflügeln. *Special Delivery Mail* wird sogar am nächsten Tag bis 12.30 Uhr zugestellt. Bestätigung holt der Postkunde telefonisch unter 0645 272 100 ein.

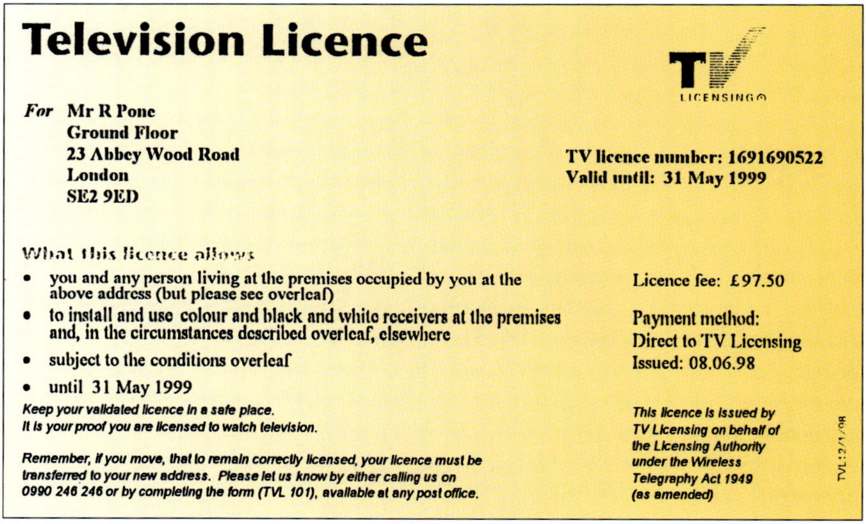
Television Licence

TV LICENSING

For **Mr R Pone**
Ground Floor
23 Abbey Wood Road
London
SE2 9ED

TV licence number: 1691690522
Valid until: 31 May 1999

What this licence allows

- you and any person living at the premises occupied by you at the above address (but please see overleaf)
- to install and use colour and black and white receivers at the premises and, in the circumstances described overleaf, elsewhere
- subject to the conditions overleaf
- until 31 May 1999

Keep your validated licence in a safe place.
It is your proof you are licensed to watch television.

Remember, if you move, that to remain correctly licensed, your licence must be transferred to your new address. Please let us know by either calling us on 0990 246 246 or by completing the form (TVL 101), available at any post office.

Licence fee: £97.50

Payment method:
Direct to TV Licensing
Issued: 08.06.98

This licence is issued by TV Licensing on behalf of the Licensing Authority under the Wireless Telegraphy Act 1949 (as amended)

TVL:2/1/98

Die Lizenz zum Fernsehen: Ein Jahr TV und Radio kostet rund £100.

Das Porto für einen *1st-Class*-Inland-Brief kostet 26p, für einen *2nd-Class*-Brief 20p. Noch gibt es in England zwei Zustellungen am Tag, mit Ausnahme an Samstagen.

In kleineren Ortschaften und in Dörfern hat man die Postämter abgeschafft und – ähnlich wie bei uns – Postagenturen in Tante-Emma-Läden und Drugstores installiert. Briefmarken bekommt man auch in Zeitungsgeschäften, in manchen Supermärkten und in Corner Stores. Meist sind sie in Heftchen zusammengefasste Markengruppen für verschiedene Frankierungen. Achten Sie auf das britische Postleitzahlsystem; es unterscheidet sich von unserem durch eine mehrstellige Buchstaben- und Ziffernkombination. Im Zweifelsfall gibt eine Hotline telefonisch Auskunft: 0345 111 222.

Rechte Seite: In kleineren Ortschaften hat man die Postämter abgeschafft und Postagenturen in Tante-Emma-Läden und Drugstores eingerichtet.

Einen festen Telefonanschluss erhalten Sie nach Antrag bei der British Telecom oder Cable & Wireless in knapp zwei Wochen. Die einmalige Anschlussgebühr beläuft sich auf £99 (oder die Hälfte davon, wenn Sie mit einer etwas höheren Monatsgrundgebühr einverstanden sind). Abgerechnet wird vierteljährlich. In den Mobilfunknetzen sind Sie innerhalb von drei bis fünf Tagen mit von der Partie. Wie in vielen andere Ländern, findet auch in England ein heftiger Wettbewerb

CLIFTON HAMPDEN
POST OFFICE &
GENERAL STORES
Post Office
TELEPHONE
TELEPHONE
The Oxford Times
ANIMAL RIGHTS GROUP HURTS CAT
Abingdon
Herald
SEVEN DAYS' LOCAL NEWS
OXFORD
MAIL
TRAIL OF DAMAGE AT THE DETENTION CENTRE

zwischen der nationalen Telecom-Gesellschaft und etlichen anderen Netzbetreibern wie RSL Com oder TeleWest statt. Vodaphone oder Cellnet loggen sich normalerweise bei Ihnen auf dem Handy ein, in manchen Regionen auch one-2-one oder Orange, wie Sie auf dem Display erkennen können.

In zahlreichen *phone shops* erhält man ein Handy samt Zubehör gratis, wenn man sich für 12 Monate als Kunde für eines der großen Netze eintragen lässt. Die Gebühren variieren von 2p bis 35p pro Sprechminute, je nach Entfernung und Tageszeit. Zu den Billiganbietern mit speziellem Vorwahlcode für Auslandsgespräche zählen One.Tel und Planet Talk.

Eigenwillig: Das ist tatsächlich ein Briefkasten und kein Hydrant.

Das Handy heißt in England übrigens keinesfalls ebenso: Man bezeichnet das Taschentelefon dort als *mobile* oder *cellular phone*. Mobilnummern beginnen in England derzeit mit 037, 038, 058, 078, 079, 097 oder 098; gebührenfreie anwählbare Anschlüsse (*freephone*) erkennt man an der Vorwahl 0800 oder 0500. Und wenn Sie eine einzige, international gültige Nummer für Ihre sämtlichen Anschlüsse haben möchten, so gibt es das in England ebenfalls. Man beantragt sie unter 07000 777 666.

Der PC gehört in zahlreichen Haushalten Englands heute zum Standard. Damit setzt sich Kommunikation per E-Mail und Internet zunehmend auch im Privatbereich durch, was für die Geschäftswelt natürlich erst recht gilt. In der Anwendung elektronischer Kommunikationsmittel zählen die Briten zu den führenden Nationen in Europa.

Eine Pauschalgebühr von jährlich rund £100 pro Haushalt wird für Radio und Fernsehen erhoben; das Radio im Auto ist darin einbegriffen. So gut wie alle großen Fernsehsender strahlen ihre Programme rund um die Uhr aus. Die bei uns üblichen Antennen zum Fernsehempfang »schmücken« seit

Jahrzehnten auch die Dachlandschaften in England. Der Empfang ist von unterschiedlicher Qualität; die Programme sind es (aus anderen Gründen) ebenfalls. Der Unterhaltungswert einer typisch englischen TV-Abends gleicht dem eines in Deutschland. Zappen Sie sich durch und versuchen Sie Ihr Glück auf den Kanälen BBC1, BBC2, ITV, NBC der Channel 4. Per Kabelanschluss oder Satellit ist die Auswahl enorm, auch gibt es viele Pay-TV-Sender. Über Satellit kann man überall ZDF, RTL, Vox und Pro7 empfangen.

Medizinische Versorgung, Versicherungsschutz

Ob Sie nur zeitweilig in Großbritannien leben wollen oder sich dafür entschieden haben, dort permanent zu wohnen: Schließen Sie zu Hause eine private Krankenversicherung ab. Wählen Sie vorsorglich einen vernünftigen Leistungsumfang, erweitern Sie den standardmäßig angebotenen Schutz gegebenenfalls, wenn dies für die Inanspruchnahme von Leistungen im Ausland ratsam ist. Der Wettbewerb ist heftig, ein Vergleichen lohnt. Alle Versicherungsunternehmen in Deutschland bieten für Auslandsaufenthalte einen Beratungsservice mit Hotline, aber auch die populären Automobilclubs wie AvD, ADAC, ÖAMTC und TCS.

Jeder Engländer besitzt eine *NHS card*. *NHS* steht für *National Health Service*, eine Institution, die man im Bedarfsfall kostenlos in Anspruch nimmt – und die sich dementsprechend keiner allzu hohen Beliebtheit erfreut. Denn wie alle Dinge, die man gratis bekommt, misst man dem *NHS* keinen großen Wert bei. Die Behandlung beim Arzt, so klagen die Engländer, sei gegenüber Privatpatienten meist zweitklassig, auch gebe es viel zu lange Wartezeiten, ehe man einen Termin bekomme. Viele Ärzte nehmen wegen Überlastung keine neuen *NHS*-Patienten an und schicken sie zu einem Kollegen (bei dem sich das Spiel wiederholt); die Kosten für Zahnbehandlung werden dem Patienten mindestens zu 80 Prozent in Rechnung gestellt; *NHS*-Vorsorgeuntersuchungen für Frauen finden nur alle drei Jahre statt.

Für den *NHS* wird einem Arbeitnehmer in England der bescheidene Betrag von 12 Pfund Sterling pro Woche abgeknöpft. Ein ausländischer Tourist kann auch ohne derartige Vorleistungen die Dienste eines *NHS*-akkreditierten praktischen Arztes (*General Medical Practioner*) in Anspruch nehmen – sofern dieser gerade Zeit für ihn oder sie hat.

Falls Sie Ihren Hauptwohnsitz nach Großbritannien verlegt haben, sollten Sie unbedingt die bessere Alternative wählen und sich privat versichern: Als *»Privater«* sind Sie überall und zu jeder Zeit willkommen. Allerdings bittet der Herr Doktor oder seine Assistentin Sie bei jedem Besuch sogleich zur Kasse. Eine erste flüchtige Untersuchung kostet etwa £50, jede weitere Session wird mit £150 bis £350 berechnet. Für eine neue Krone kann der Dentist £100 berechnen. Man wird man Ihnen auch im Krankenhaus eine sofort zur Zahlung fällige Rechnung präsentieren. Die spezifizierte Rechnung (plus Quittung) ermöglicht es Ihnen, den Betrag – oder einen Teil davon, je nach dem Umfang Ihres Versicherungsschutzes – von Ihrer Versicherung erstattet zu bekommen.

Nicht verschreibungspflichtige Medikamente erhalten Sie in jedem *Corner Store* oder Supermarkt.

Die im AvD- oder ADAC-Schutzbrief enthaltenen Leistungsangebote gelten nicht nur für Ferienreisen ins Ausland, sondern schützen Sie auch auf jeder anderen Fahrt. Wenn Sie also mehrmals im Jahr nach England fahren, sind Sie für eine durchgehende Aufenthaltsdauer bis zu jeweils drei Monaten (92 Tage) – und das nicht nur einmal im Jahr – gut behütet. Bei Verkehrs- oder auch anderen Unfällen, Krankheiten oder sonstigen unverschuldeten Notlagen kann der Schutzbrief ein wertvolles Sicherheitspolster darstellen. Für 30 Mark Zusatzprämie zur ADAC-Plus-Mitgliedschaft verspricht der Club optimalen Schutz im Krankheitsfall.

Als Angestellter einer im EU-Raum ansässigen Firma, in deren Auftrag Sie sich beruflich maximal 12 Monate in England aufhalten, genießen Sie im Rahmen des Sozialversicherungsabkommens, das zwischen denn Staaten des Europäischen Wirtschaftsraums besteht, auch im Ausland Krankenversicherungsschutz. Ihre Beschäftigung unterliegt somit auch in England den deutschen Rechtsvorschriften über die Versicherungspflicht. Gleichwohl ist es auch in diesem Falle ratsam, eine private Zusatzversicherung abzuschließen. Auskünfte über einen solchen Schutz erteilt der Deutsche Verband der Privaten Krankenversicherungen (Anschrift im Anhang).

Wer seinen ersten Wohnsitz in Deutschland beibehält und bei einem deutschen Arbeitgeber oder im EG-Ausland einen Job im Rahmen des 630-Mark-Gesetzes ausübt, sollte nicht versäumen, hierüber seine Krankenkasse ebenfalls in Kenntnis zu setzen. Dort wird geprüft, ob der Arbeitgeber für Sie Sozialversicherungsbeiträge abführen muss. Wichtig: Dieses Gesetz sieht in der Sozialversicherung keine Trennung zwischen Haupt- und Nebenverdienst vor; nach der neuen Rechtslage werden die Beschäftigungen zusammengerechnet. Übrigens kann ein beitragsrelevanter 630-Mark-Job im Ausland auch im Hinblick auf die Rente interessant werden, denn durch zusätzliche Entgeltpunkte auf Ihrem Rentenkonto können sich spätere Leistungsansprüche aus der Rentenversicherung erhöhen.

Gastronomie, Essen und Trinken

Die vielen Spottlieder auf die englische Küche haben Sie oft genug gehört. Wollte man behaupten, sie träfen nicht zu, würde man sich unglaubwürdig machen. Andererseits hat die englische Gastronomie heutzutage sehr viel mehr zu bieten als nur *fish and chips*. Es gibt kaum eine englische Kleinstadt, die nicht eine Auswahl an chinesischen, italienischen, indischen und französischen Restaurants zu bieten hätte, ganz abgesehen von den Lokalen für den Fast-Food-»Gourmet«.

Bleiben wir bei der englischen Küche. Wenn sie dem kontinentalen Gaumen etwas zu bieten vermag, dann gehören ein knackiges Gemüse oder raffiniert zubereitete Salate zwar nicht unbedingt dazu, wohl aber meist sehr gute Pasteten, Geflügelvarianten, Fischgerichte und natürlich Roastbeef sowie saftige Steaks. Eine diesbezügliche Zurückhaltung hat sich bei den Engländern schon seit einiger Zeit wieder gelegt. Alternativ bieten sich nach wie vor *lamb chops* an: Lamm mit Minzsoße und eine in der Folie gebackene Kartoffel ist immer

Viele Pubs und Inns haben gastronomisch mehr zu bieten, als man gemeinhin annimmt.

noch ein paar Meilen Umweg wert, wenn das am Wegesrand liegende Pub nur Spiegeleier mit Pommes frites zu bieten hat.

In den klassischen Pubs mit Restaurantbetrieb wird bei der Bestellung am Tresen auch sofort bezahlt. Das gilt fürs Bier – gleich zum Mitnehmen – ebenso wie für die Mahlzeit. Wenn Bedienungspersonal zu Ihnen an den Tisch kommt, dann nur, um Ihnen den Teller mit Ihrem Gericht zu bringen.

Eating out (Essen gehen) ist ein beliebtes Business-Ritual. Geschäftsleute mit ordentlichem Spesenkonto erkennen Sie am ausgezogenen Jackett, das über der Stuhllehne hängt, spätestens aber an der goldenen Kreditkarte beim Zahlen. In einem Restaurant für den anspruchsvolleren Gast zahlt dieser fürs Ambiente kräftig mit. Pro Person sind £50 für ein gar nicht einmal sehr aufregendes Dinner die Regel. Was darüber liegt, hat meist mit der Wahl des Weins zu tun: Die Engländer legen Wert auf edle Tropfen aus aller Herren Länder (zunehmend aus Südafrika, Australien und Neuseeland) und investieren gern in eine oder zwei Flaschen vom Besten, wenn die Qualität der Tischrunde dafür steht.

Mit nur zehn Prozent Trinkgeld wird man Sie an solchen Plätzen als etwas knauserig einschätzen; zwölf sollten's schon sein.

Die gastronomische Kultur Britanniens ist für den facettenreich, der sie zu entdecken vermag. Auf regionale Spezialitäten trifft man selten, dafür haben Selbstversorger eine auf dem Kontinent unbekannte Auswahl an exotischen Lebensmitteln in kleinen Shops, die von Afrikanern, Asiaten und Einwanderern aus karibischen Ländern geführt werden. Experimentierfreudige Köche werden hier reichlich für gewöhnte Markenartikel wie Pfanni-Knödel, Knorr-Suppen oder Dr. Oetkers Puddingpulver entschädigt.

Das Trinkwasser in den Leitungen Englands zeichnet sich durch große Qualitätsschwankungen aus. Wer auf gleichbleibende Kaffee- und Teequalität Wert legt, installiert einen Filter in der heimischen Küche.

Auto: Mitnehmen oder in England kaufen?

Vermutlich werden Sie Ihren in Deutschland gekauften, zugelassenen und versicherten Wagen kaum in England benutzen wollen, wenn Sie sich dort über längere Zeiträume aufhalten: Wegen der Linkslenkung, die sich bei Linksverkehr selbst dann als nachteilig erweist, wenn man sich an ihn gewöhnt hat: Beim Überholen, beim Ein- und Aussteigen an der »falschen« Seite,

Ihren Sinn fürs Nostalgische beweisen die Briten nicht zuletzt auch durch die Vorliebe für klassische Autos.

beim Fahren mit Licht (seitenverkehrtes asymmetrisches Abblendlicht).

Theoretisch gäbe es keinen Grund, das Auto im Heimatland ab- und in Großbritannien anzumelden, wenn Sie sich nicht mehr als sechs Monate im Jahr dort aufhalten. Und selbst wenn es ausnahmsweise einmal ein siebenter oder achter Monat ist, den Sie (vielleicht mit kurzen Unterbrechungen) damit in England umherfahren, interessiert sich niemand dafür. Nur sollten Sie die TÜV-Intervalle einhalten: Auch britische Polizeibeamte kennen die deutsche TÜV-Plakettensprache.

Das Ab- und Wiederanmelden eines bisher im Ausland zugelassenen Wagens in England ist zwar kein allzu teurer, dennoch ein umständlicher Prozess. Wenn Sie ihn auf sich nehmen wollen, müssen Sie Ihren Wagen bei der Zulassungsstelle zu Hause abmelden, die Kennzeichen abliefern und die Zuteilung eines Exportkennzeichens beantragen; das Paar kostet DM 50 plus DM 65 Verwaltungsgebühr. Ihre Gültigkeit beträgt sieben Tage in Deutschland, danach maximal vier Wochen im Ausland bis zur Anmeldung am dortigen Wohnort.

Nicht unüblich: Neuwagenkauf mit Gratisversicherung als Dreingabe.

Die Wiederanmeldung setzt eine Prüfung Ihres Wagens durch eine *MOT-Station* voraus (MOT = *Ministry of Transport*, entspricht dem deutschen TÜV). Die Zuteilung eines Kennzeichens geschieht durch das zentrale *Driver & Vehicle Licensing Centre* (DVLC) in Swansea.

Sie können dem AA oder dem RAC beitreten und das Procedere einem der hierfür zuständigen Büros überlassen (Auskunft über Telefon 0336 401 983: 50p pro Minute) – oder sich doch lieber dafür entscheiden, den Wagen zu Hause zu verkaufen und einen in England zu erwerben.

Neufahrzeuge britischer Produktion behaupten sich nur knapp gegenüber europäischen und japanischen Importmarken. Entsprechend hart geht es im Wettbewerb zu; der Handel unterbietet sich mit Nachlässen und kostenlosen Extras. Manche Vertretungen japanischer, italienischer und französischer Fabrikate bieten sogar kostenlose Versicherung für zwei Jahre an. Die günstigsten Angebote gibt es im Juli – weil im August stets das neue Modell- und Zulassungsjahr in England beginnt. Für Autofinanzierungen zahlt man rund 11 % effektiven Jahreszins. also sehr viel mehr als bei uns.

Das Angebot an Neu- und Gebrauchtwagen ist in England immens. Vor allem sind einjährige Firmenwagen mit geringen Kilometer (Meilen-)Leistungen günstig zu bekommen. Viel stärker ausgeprägt als bei uns ist in Großbritannien die Gepflogenheit, Mitarbeitern selbst in mittleren Positionen einen Geschäftswagen zur Verfügung zu stellen, wobei viele Unternehmen jährlich ihre Pkw-Flotten wechseln. Das Umschreiben eines gebrauchten Wagens auf einen neuen Besitzer ist gebührenfrei. In jedem Fall wird ein neues *log book* ausgestellt (entspricht unserem Fahrzeugschein, einen Brief nach deutschem Muster gibt es nicht); MOT- oder Versicherungsnachweis werden hierbei nicht verlangt.

Die Kraftfahrzeugsteuer beträgt für alle Autos einheitlich £150 pro Jahr. Fahrzeuge, die vor dem 31. Dezember 1973 gebaut wurden, sind steuerfrei – paradiesischer Zustand für Oldtimer-Liebhaber!

Fabrikneue Fahrzeuge müssen erstmals nach drei Jahren zum MOT, danach jedes Jahr. Viele Autowerkstätten unterhalten zugleich ein *MOT Testing Centre* und bieten ihren Kunden einen Hol- und Bringdienst an.

Bei Fälligkeit der Jahressteuer erhält der Autobesitzer Nachricht vom DVCL. Mit diesem Schreiben, einem Nachweis der bestehenden Versicherung und – falls gleichzeitig fällig – dem aktuellen MOT-Zertifikat begibt man sich zu einem Postamt, zahlt die Jahressteuer ein und erhält als Quittung eine Vignette (*license disc*) die in eine Ecke der Windschutzscheibe geklebt wird. Ohne diese Vignette darf ein Fahrzeug mit britischen Kennzeichen sich nicht in den öffentlichen Straßenverkehr begeben.

Unter den Versicherungen gibt es in England den gleichen Wettbewerb wie bei uns. Man lockt mit Boni für Garagenwagen, für das Vorhandensein einer Alarmanlage, für den Verzicht auf Nachtfahrten. Führerschein-Aspiranten ist es, bis sie ihre Fahrprüfung abgelegt haben, zwar erlaubt, am Lenkrad eines beliebigen Pkw öffentliche Straßen zu verunsichern (*provisional licence*), sofern sie in Begleitung eines Führerschein-Inhabers sind, müssen am Heck des Wagens aber ein Schild mit einem roten L (für *Learner*) führen und dürfen keinen Motorway benutzen.

Eine weitere Besonderheit, die es bei uns nicht gibt, verdient Erwähnung. Sie betrifft eine Versicherung, die man gegen Führerscheinentzug wegen zu schnellen Fahrens (nicht wegen Trunkenheit) abschließen kann. Der *»St. Christopher Driver Plan«* zahlt für die Dauer eines Jahres jeden Monat die Kosten für einen Mietwagen einschließlich Chauffeur – zwar nicht in Permanenz, aber doch für den täglichen Hin- und Rückweg von zu Hause zum Arbeitsplatz und für andere wichtige Geschäfts- und auch Privatfahrten. Die Jahresprämie für diese Versicherung beträgt £180.

Britischer Führerschein?

Wer als Zuzügler permanent in Großbritannien lebt, muss sich dort binnen Halbjahresfrist seinen bisherigen Führerschein alten Musters umschreiben lassen. Hierfür besorgen Sie sich beim *Post Office* ein Antragsformular, füllen es aus und senden es an das *Driver & Vehicle Licensing Centre* (DVLC) in Swansea. Von dort bekommen Sie die Aufforderung, bei einer Fahrschule eine Prüfung abzulegen. Im Falle einer Umschreibung fällt diese (zehn Minuten Theorie, zwanzig Minuten am Lenkrad) relativ knapp aus und dürfte einem routinierten Fahrer keine Probleme bereiten.

Haben Sie Ihren Führerschein bereits zu Hause gegen jenen neuen EU-einheitlichen Fahrausweis eingetauscht, der nur noch die Größe einer Scheckkarte hat und ein Dokument ist, das in allen Staaten der Europäischen Union anerkannt wird, entfällt die Umtauschaktion. Sie verfügen mit dem neuen Führerschein über eine Fahrerlaubnis von grenzübergreifender Gültigkeit. Die neuen EU-Führerscheinklassen umfassen die Kategorien A, B und C und diverse Untergruppen.

Wenn Sie Ihren Führerschein in England schnell loswerden möchten, verhilft Ihnen dazu eine polizeiliche Verkehrskontrolle, falls sie bei Ihnen einen Blutalkoholgehalt von mehr als 0,8 Promille feststellt (immerhin – so großzügig verfährt man nur noch in Irland, Spanien, Luxemburg und Italien). Bei Trunkenheit am Steuer sind die Behörden nicht nachsichtig. Außer den Entzug der Fahrerlaubnis kann alkoholisiertes Autofahren in England £5000 Strafe einbringen.

Bootsbesitz

England ist ein ideales Land für jede Art von Yachtsport. Kleine, romantische Bootshäfen und ausgedehnte, mondäne Marinas an Binnen- und Küstengewässern bieten alle denkbaren Einrichtungen und offerieren *Moorings* von £35 bis £350 pro Monat. Die Binnenschifffahrtswege laden zu ausgedehnten Wochenend- oder Ferienfahrten ein. Daher weist das Charter- und Mietgeschäft in England einen enormen Umfang auf, wie auch ein Studium der zahlreichen Fachzeitschriften verdeutlicht. Nicht umsonst gilt die alljährliche Boat Show in London als die bedeutendste Europas.

In England liebt man alte Traditionsschiffe, nach historischen Vorbildern gebaute Kutter sowie Dampfboote (und überhaupt Gerätschaften, die mit Dampfkraft zu bewegen sind) aus viktorianischer und edwardianischer Zeit. Wer eine Affinität zu derlei maritimer Extravaganz hat, findet leicht Kontakt zu Mitgliedern dieser Zunft.

Sport als Kommunikator

Die Engländer verstehen sich als Sportsleute und sind davon überzeugt, viele Sportarten wenn nicht erfunden, so doch in Europa eingeführt zu haben – vom Tennis bis zum Hockey,

Sie üben einen Sport aus oder haben ein Hobby, dem Ihre Leidenschaft gilt? Beides wären optimale Voraussetzungen, um mit den gewöhnlich etwas zugeknöpften Briten ins Gespräch zu kommen – z. B. anlässlich eines Oldtimer-Treffens.

vom Polo bis zum Golf, vom Fußball bis zum Cricket. Erkundigen Sie sich, wenn Sie sich eingelebt haben, nach der Möglichkeit einer Clubmitgliedschaft und scheuen Sie sich nicht, Einladungen zu einer *competition* anzunehmen. Gemeinsame sportliche Interessen verbinden, und diese Verbindungen können für Sie auch in vieler anderer Beziehung – gesellschaftlich, nachbarschaftlich, geschäftlich – positive Auswirkungen haben.

Sie müssen Sport aber nicht unbedingt in Wettkampfmanier ausüben, nur weil einige Ihrer englischen Freunde sich in aller Bescheidenheit als Profis bezeichnen und Sie herausfordern möchten... Wenn Ihnen sportliche Betätigung mehr zur körperlichen und geistigen Erbauung dient, werden Sie sicher gleichgesinnte Partner finden. Im Übrigen ist Golfspielen in England der wohl am meisten verbreitete Volkssport; es gibt

Bibliomanenfalle: Bookshop in Lewes.

dort mehr als 250 gepflegte Golfplätze. Die Aufnahmegebühren und Jahresbeiträge der Clubs sind meist niedriger als in Deutschland. Detaillierte Informationen erhalten Sie unter *www.eyp.co.uk/egi/bin/new-eyp.cgi*.

Kulturelles Angebot, Freizeitvergnügen

Fast überall in England findet man ein Kulturangebot, das vielen Ansprüchen gerecht wird. Liebhaber klassischer Musik oder des Jazz, der Folklore oder der Oper kommen ebenso auf ihre Kosten wie Kinofreunde (es gibt selbst in kleinsten englischen Städten noch immer Lichtspieltheater) oder Bewunderer historischer Baukunst. Für viele Engländer ist aber bereits

das abendliche TV-Programm gleichbedeutend mit dem Gesamtbegriff Kultur. Auch werden Sie nicht bei allen ihren Gastgebern prall gefüllte Bücherregale finden. Kein Grund zur Überheblichkeit: Der Trend zum Zweitbuch ist auch in anderen Ländern noch nicht überall erkennbar.

England ist in den letzten Jahrzehnten zu einem multikulturellen Land geworden – durch die vielen Einwanderer aus allen Teilen der Welt. So feiern verschiedene Bevölkerungsgruppen ihre eigenen Feste, von denen andere wiederum nicht viel mitbekommen. Mit Rücksicht auf jene, für die Weihnachten kein Fest im christlichen Sinne ist, bietet die Glückwunschkartenindustrie seit langem *»Season's Greetings«* an, ohne *»Merry Christmas«*. Überdies werden die Kinder nicht am Abend des 24. Dezember beschert, sondern erst am Morgen des 25. Dezember. Am zweiten Weihnachtsfeiertag ist *Boxing Day*, was nichts mit dem Boxsport zu tun hat, sondern mit dem Zurücklegen der Geschenke in ihre bunten Verpackungen, in die *boxes*.

Als offizielle Feiertage gelten in Großbritannien ferner der erste Montag sowie der letzte Montag im Mai (*Spring Bank Holidays*), der letzte Montag im August (*August Bank Holiday*), der 1. Januar, Ostermontag und Karfreitag. Gedenktage gibt es jede Menge, so den *V-Day* am 8. Mai, den *Empire Day* am 24. Mai, den *Coronation Day* am 2. Juni und den *Guy Fawkes Day* am 5. November. Der Gründonnerstag heißt *Maundy Thursday*, und man kennt auch den Muttertag (*Mothering Day*) und im September sogar einen *Grandparents' Day*. Die Schlacht bei Hastings im Jahre 1066 fand an einem 14. Oktober statt, sieben Tage später (allerdings erst 1805) jene von Trafalgar.

Kein Pub ohne Dartscheibe, kein Wochenende ohne eine Oldtimer-Rallye, kein Urlaub ohne Golfschläger im Gepäck. Die Engländer sind, wenn es ums Freizeitvergnügen geht, ein geselliges Volk. Sie suchen und finden Gemeinsamkeiten mit anderen, sicher auch mit Ihnen als *our new neighbour*. Über kurz oder lang sind Sie dabei, geben selbst Ihre erste *reception* für Freunde, Nachbarn und Kollegen. Eine Hauseinweihung ist ein passender Anlass. Sorgen Sie für gute Musik (*live* ist besser als Konserve: Irgendwer wird schon ein Instrument spielen), vergessen Sie nicht Ihren Banker einzuladen und kredenzen Sie

Ihren Gästen ruhig etwas typisch Deutsches, zum Beispiel Bratkartoffeln oder Kartoffelsalat, knusprige Bouletten nach Mutters Art, Streuselkuchen vom Blech und (nicht zu kühles) bayrisches Bier.

Einkaufen, Lebenshaltungskosten

Wer beim Einkaufen blindlings ins Supermarktregal greift, ohne Preisvergleiche anzustellen, zahlt für die Dinge des täglichen Bedarfs mehr als in Deutschland. Der Lebenshaltungsindex liegt bei 105 bis 110, wenn man einen Deutschland-Maßstab von 100 anlegt. Wer als Angestellter sein Einkommen in britischer Währung bezieht, ist besser dran als jemand, der seine – in der Regel geringeren – DM-Einkünfte erst umwechseln muss und schon hierdurch mindestens fünf Prozent einbüßt.

Schon bevor Sie eventuell Besitzer eines Anwesens in England werden, sollten Sie möglichst viele Preisvergleiche bei Hausrat und Gebrauchsgütern anstellen. So können Sie ermitteln, was es von daheim mitzunehmen lohnt und was nicht. Bringen Sie ein paar Stunden in den Supermärkten und in Fachgeschäften zu – in beiden Ländern. Vergleichen Sie Sonderangebote. Im Kapitel »Einrichten und Wohnen« wurde bereits auf dieses Thema eingegangen.

In England gibt es viele Ladenketten wie Marks & Spencer, Sainsbury's oder Tesco. Einige bieten ihren Kunden besondere Kreditkarten, bei deren Gebrauch Rabattpunkte gutgeschrieben und in bestimmter Höhe sogar Barauszahlungen gewährt werden. Wer fleißig bei Sainsbury's einkauft, kann sogar Flugmeilen für die nächste Ferienreise sammeln.

Beliebt ist das Einkaufen auf Wochenmärkten, auf denen auch die Anbieter von *non-food*-Ware gute Umsätze machen. Schnäppchenjäger geben dort für Pullover nicht mehr als 3 Pfund aus und 1,99 für fünf paar Tennissocken.

Zahlen per Kreditkarte ist in England gang und gäbe; Schecks werden nur noch selten ausgeschrieben. Ebenso üblich ist es, dem Kunden die Ware in einer Plastiktüte auszuhändigen. Die bei uns in den letzten Jahren zunehmend in Gebrauch

gekommenen Leinenbeutel sieht man sehr selten, und noch viel weniger geht jemand mit einem Einkaufskorb in den Laden. Überhaupt gibt sich die Verpackungsindustrie Englands nicht gerade umweltbewusst: Sie überschwemmt das Land mit Plastikbehältnissen jeder Form und Größe.

Restaurants und Cafés an der Kanalküste. Keine Angst, auf der Insel lässt man Sie mit der englischen Küche nicht allein.

Vergleichen Sie einmal einige Durchschnittspreise aus dem Einzelhandel in England mit denen zu Hause.

Die nachfolgend aufgeführten Produkte stellen Beispiele aus einem gepflegten Supermarkt in Brighton dar, Stand April 2000:

▸ Vergleich der Durchschnittspreise Italien – Deutschland

500 g Markenkaffee, gemahlen	£ 3,29	(ca. DM	10,85	=	5,55 Euro)
500 g Nesquik	£ 0,99	(ca. DM	3,26	=	1,67 Euro)
1 Liter Vollmilch	£ 0,35	(ca. DM	1,15	=	0,59 Euro)
400 g Tiefkühl-Fischfilet	£ 1,27	(ca. DM	4,19	=	2,14 Euro)
500 ml Ketchup	£ 0,39	(ca. DM	1,25	=	0,64 Euro)
500 g ital. Mortadella	£ 2,55	(ca. DM	8,42	=	4,30 Euro)
1 kg Truthahn	£ 1,02	(ca. DM	3,36	=	1,72 Euro)
1 kg Hüftsteak	£ 7,98	(ca. DM	26,33	=	13,46 Euro)
12 Dosen Carlsberg Lager Bier	£10,35	(ca. DM	34,15	=	17,46 Euro)
Braun MR4000 MultiQuick Handmixer	£16,99	(ca. DM	56,00	=	28,67 Euro)
Bosch Schwingschleifer PWS600	£39,75	(ca. DM	131,00	=	67,00 Euro)
Sony Videorecorder CCD TEV27	£499	(ca. DM	1646,00	=	842,00 Euro)
Nintendo Gameboy	£64,99	(ca. DM	214,50	=	109,70 Euro)

Tierhaltung

Wenn Sie Ihren Hund oder ein anderes Haustier mit nach England nehmen möchten, wird eine sechsmonatige Quarantäne verlangt. Das macht eine Mitnahme Ihres vierbeinigen Lieblings so gut wie unmöglich. Im Gespräch ist indessen eine neue Lösung, die zwar ebenso lange dauert, aber dem Tier die Quarantäne erspart. Denn das Vorbereitungs-Procedere lässt sich im Heimatland durchführen. Hierzu muss das Tier mit einem Microchip versehen werden, den der Tierarzt einpflanzt. Anschließend wird das Tier gegen Tollwut geimpft; nach 30 Tagen wird eine Blutprobe entnommen, der sich eine Wartezeit von sechs Monaten anschließt. 24 bis 48 Stunden vor der Einreise nach England soll das Tier außerdem auf Zecken und Bandwurm untersucht werden.

Ein Amtstierarzt muss dann ein Gesundheitszeugnis ausstellen, durch das all diese Maßnahmen bestätigt, und zum Schluss ist davon eine notariell beglaubigte Übersetzung ins Englische aufzusetzen. Dafür haben Sie also nach Ausstellung des Zeugnisses maximal einen weiteren Tag Zeit.

Selbst wenn diese Regelung in Kraft treten sollte, ist die Überlassung Ihrer Vierbeiner in gute Hände und eine Anschaffung eines Hundes oder einer Katze in England selbst doch wohl die bessere Alternative. Übrigens: Eine Hundesteuer gibt es im United Kingdom nicht.

Der lieben Tiere, wenn sie in Not sind, nimmt sich in England eine eigene Wohlfahrtsinstitution an. Sie entspricht in etwa unserem Tierschutzbund und heißt *Blue Cross Animal Welfare*. In den Gelben Seiten findet man Anschrift und Telefonnummer der nächsten Vertretung.

Ein Herz für Tiere: Nicht nur auf dem Land eine Selbstverständlichkeit.

Nachbarn, Freunde, Vertrauenspersonen

Wie und wann Sie den ersten Kontakt zu Ihren neuen Nachbarn knüpfen, liegt ganz bei Ihnen. Steht Ihr Haus auf einem etwas abgelegeneren Grundstück, wird erst recht kein Nachbar unaufgefordert vorbeischauen. Überhaupt werden Sie mehr Distanz und Respekt verspüren als Sie es von Ihren Nachbarn Zuhause gewöhnt sind, vor allem, wenn Sie sich in einer sehr ländlichen Gegend niederlassen.

Haben Sie ein Objekt erworben, dessen vorheriger Eigentümer weiterhin in der Nachbarschaft lebt, wäre zum Besiegeln des Kaufvertrages ein gemeinsames Dinner fällig. Bei dieser Gelegenheit könnten Sie eine Menge nützlicher Kenntnisse in Bezug auf die Umgebung erlangen, Einkaufstipps und die Namen weiterer Nachbarn erfahren.

Seien Sie ein wenig zurückhaltend mit der Anwendung Ihrer englischen Sprachkenntnisse. Die Deutschen verspüren – im krassen Unterschied zu den Briten – oftmals den Drang, sich eifrig in fremden Idiomen zu üben, wenn sie sich außerhalb Ihres Heimatlandes bewegen. Mehr oder weniger akzentfrei ausgesprochen, könnte Ihr bescheidenes Vokabular bei Ihrem Gesprächspartner jedoch den Eindruck erwecken, Sie beherrschten seine Sprache mehr als nur fragmentarisch. Und die herausgesprudelten Erwiderungen, von denen Sie nur die Hälfte verstehen, lässt die Konversation dann doch schnell enden. Man vergibt sich nichts mit dem Zugeständnis, im Englischen ein Anfänger zu sein und seine Gesprächspartner zu bitten, langsam und deutlich zu sprechen.

Ein sozialer und kultureller Gleichklang mag dazu beitragen, nachbarlich-freundschaftliche Kontakte schneller zustande zu bringen und ihren Bestand zu sichern.

In jedem Fall wird Ihnen daran gelegen sein, Ihre neuen Nachbarn näher kennen zu lernen. Denn schon bei den ersten Vorkehrungen, die in der Konsequenz Ihr Ansiedeln in England zur Folge haben, gelangen Sie zu der Erkenntnis, dass Sie vor Ort eine Person Ihres Vertrauens benötigen. Jemand, der bei Kontakten zu Behörden behilflich ist und der auch als Helfer bei der Vermittlung von Aufträgen an Handwerker oder bei der Suche nach einem Haushüter in segensreiche Aktion tritt.

Vielleicht ergibt sich bereits aus der Zusammenarbeit mit der Immobilienfirma die Lösung dieser Frage. Es könnte auch ein Hausnachbar sein, mit welchem sich eine Basis gegenseitigen Vertrauens aufbaut. Der Nachbar bekommt sowieso fast alles mit: Mit welchem Auto Sie anreisen, in wessen Begleitung Sie erscheinen, welche Arbeiten Sie in Angriff nehmen. Er kennt die ehemaligen Eigentümer Ihres neuen Besitzes und deren Geschichte, und das kann für Sie durchaus nützlich sein.

Gegenseitiges Vertrauen zahlt sich aus. Dieses Vertrauen ist vor allem dann wichtig, wenn Sie Ihr Domizil in England über längere Zeiträume nicht aufsuchen können, es aber beispielsweise Bank- oder Postaufträge zu erledigen gilt. Ihr Nachbar sollte auch erfahren, warum Sie überhaupt nach England und gerade in diese Gegend gezogen sind und welches Ihre ersten Eindrücke sind. Zu einem späteren Zeitpunkt dürfen Sie auch ruhig zur Sprache bringen, was Sie vielleicht nicht so gut finden...

Heimatanbindung, Konsularwesen

Solange Sie nicht auf Englisch träumen, sind Geist und Seele noch nicht vollkommen eingetaucht – und vielleicht ist das auch gar nicht Ihre erklärte Absicht. Und Sie werden vermutlich auch bei noch so perfekter Beherrschung der englischen Sprache Wert auf die Lektüre deutscher Zeitungen legen, deutsche Bücher lesen, Verbindung zu Freunden und Verwandten aus Deutschland pflegen.

Wer ohnehin nur ein paar Mal im Jahr sein Domizil in England aufsucht und sich die restliche Zeit in der »alten« Heimat aufhält, für den ist das Thema »Heimatanbindung« kaum relevant. Anders ist es, wenn Ihr Standort auf der Insel zum Hauptwohnsitz wird. Dann spielt die Pflege bestimmter Kontakte zur Heimat durchaus ein Rolle – und nicht nur eine nostalgische.

Deutschsprachige Zeitungen und Illustrierte finden Sie, vor allem in der Feriensaison, bei vielen größeren *News Agents*. Das moderne Vertriebswesen macht es möglich, dass Sie Ihre »FAZ«, »Welt« oder »Süddeutsche« oft sogar am Erscheinungstag kaufen können. Im Postabonnement hingegen ist die Ihnen zugestellte Heimatzeitung mit ziemlicher Sicherheit stets ein oder zwei Tage alt, ehe sie zu Ihnen gelangt. Buchhandlungen mit einem Sortiment deutschsprachiger Bücher werden Sie indessen nirgends finden. Aber dafür gibt es ja die Möglichkeit, im Internet zu shoppen.

Mit der Beibehaltung der deutschen Staatsbürgerschaft haben Sie nach wie vor entsprechende Rechte in der Bundesrepublik (zum Beispiel Wählen) und Pflichten (zum Beispiel Steuern zahlen). Sie müssen zu gegebener Zeit ihren Pass bzw. Ausweis verlängern lassen, wollen oder müssen Ihre Versicherung(en) in Anspruch nehmen und so weiter. Wenn Sie zu denen gehören, die nur in Abständen von sechs oder mehr Monaten wieder nach Deutschland kommen, sich also überwiegend in England aufzuhalten pflegen, werden Ihre Bindungen ans Heimatland aber allmählich geringer. Sollten Sie einmal die Hilfe Ihres Konsuls in Anspruch nehmen müssen (wenn dies auch meist nur in Notsituationen erforderlich ist): Außer der Deutschen Botschaft in London unterhält die Bundesrepublik Generalkonsulate in Manchester und Edinburgh (Schottland). Anschriften sind im Anhang dieses Buches aufgeführt.

In einigen Regionen Englands gibt es deutsche Clubs, auch existieren Städtepartnerschaften wie beispielsweise die zwischen Rugby und Rüsselsheim. Wenn Sie darüber mehr und die entsprechenden Kontaktadressen erfahren möchten, erteilt die Deutsche Botschaft gern Auskunft.

Sicherheit, juristischer Beistand, Polizeibehörden

Bereits weiter vorn wurde ausgeführt, dass sich die Kriminalitätsstatistik in England auf dem Lande auf recht niedrigem Level bewegt. Dennoch wird immer wieder geraten, an Türen und Fenstern Einbruchsicherungen anzubringen. Auf jedem Polizeirevier Englands hängen wie bei uns Poster, die den Bürger gemahnen, nicht leichtsinnig zu sein, keine Wertgegenstände sichtbar im Auto liegen zu lassen, nur wenig Bargeld

EXCESS CHARGE TICKET (ECT) FINE

Unfortunately you have been fined for the reason(s) shown on the ECT. The conditions for using the District Council's car parks are clearly marked on the pay and display machines and notices.

You now have 14 days in which to pay the fine or register an appeal (see details below).

If you do not take one of these actions within 14 days, you may lose your right to appeal and we may commence proceedings to recover the amount, plus costs, through the magistrates court or a debt collection agency.

ACT NOW
IT MAY SAVE YOU MONEY

Payments
Payment should be made according to the instructions on the ECT.

Appeals
If you have been fined for any of the reasons listed in the table below, and can provide the evidence required, your fine may be cancelled.

Please send photocopies of any evidence and enclose a copy of the parking ticket you have purchased, if you have one, with your appeal.

Offence committed	Evidence to provide
Parking without displaying a valid ticket	a valid pay and display ticket for the date and time shown on the excess charge ticket, *or* a valid concessionary permit or season ticket for the date shown on the excess charge ticket, *or* a valid 'Disabled Persons' orange badge for the date shown on the excess charge ticket.
(If you did not buy a ticket because you went to get change)	Then buy a ticket now. Depending on the time that has elapsed between you buying the ticket and the fine being issued, the fine may be cancelled.

Please send your appeal and photocopies of your evidence to the address shown on the excess charge ticket.

STRATFORD ON AVON DISTRICT COUNCIL

OFF STREET PARKING PLACES ORDER
Road Traffic Regulation Act 1984

Ticket No: 088225

To the driver of vehicle registration:
[redacted]

which was left in: Riverside Car Park

on: 19/09/99 at: 14:14

The following offence has been committed:
parking without displaying a valid ticket

FOR WHICH AN EXCESS CHARGE HAS BEEN INCURRED OF
£40.00

Car Park Patrol Officer Number 01 — Initial: PE

TICKET FACEDOWN

IN NO CIRCUMSTANCES SHOULD ANY PAYMENTS BE MADE TO A CAR PARK PATROL OFFICER.

REMITTANCE ADVICE - Please attach this slip to your payment filling in your name and address in the box overleaf. Receipts will not be issued unless requested.

Ticket No.	Date of Offence
088225	19/09/99

PAYMENT ENCLOSED £..............................

SEE REVERSE FOR PAYMENT DETAILS AND FURTHER INFORMATION

Langdale Systems Limited

Falsch parken oder ein nicht gut erkennbares Platzieren des Parkscheins hinter der Scheibe kann auf der Insel teuer zu stehen kommen: £40 für eine Stunde!

bei sich zu führen, sich gegen Handtaschendiebe nicht zur Wehr zu setzen und sich auf keine Geschäfte an der Haustür einzulassen. Älteren Herrschaften empfiehlt man, bei Dunkelheit nicht allein aus dem Haus zu gehen. Wie überall auf der Welt gilt auch in England: Vorbeugen ist besser als heulen...

Die britische Polizei steht bei ihren Landsleuten in dem Ruf, sich mehr um Parksünder als um Wagendiebe zu kümmern. In ihrer ausgesuchten Höflichkeit und Freundlichkeit unterscheidet sich das Auftreten der Beamten oftmals sehr von den Umgangsformen ihrer Kollegen in einigen anderen Ländern.

Sehr bewährt hat sich die so genannte *neighbourhood watch*. So bezeichnet man das wechselseitige Aufpassen vor allem während der Abwesenheit des Nachbarn. Mehr als zehn Millionen Haushalte praktizieren in England diese Art des Selbstschutzes. In jedem Telefonbuch findet man unter dem Eintrag *Police* eine Nummer, über die weitere Informationen über *neighbourhood watch* zu erfahren sind.

Der landesweite Polizeinotruf (auch Unfallrettung) ist 999, über Mobilfunk 112. Eine spezielle Nummer haben die *Crime Stoppers*: 0800 555 111. Sie leiten unverzüglich jeden Hinweis auf ein Verbrechen weiter, auch wenn es erst im Ansatz erkennbar sein sollte.

Möglich wäre, dass Sie einmal in Rechtsunsicherheit geraten, zum Beispiel wenn es um Grenzfälle (nicht nur im Wortsinne) in Grundstücksangelegenheiten geht und Sie sich veranlasst sehen, von kompetenter Seite juristischen Beistand in Anspruch zu nehmen. Für solche Fälle ist es gut, Mitglied in der Deutschen Schutzvereinigung Auslandsimmobilien e.V., kurz DSA, zu sein. Die DSA ist eine neutrale Informations- und Beratungsstelle, deren Dienste man in rechtlichen und steuerlichen Fragen in Anspruch nehmen kann, die individuelle Lösungen in Konfliktfällen anbietet und für ihre Mitglieder (Jahresbeitrag: 280 Mark) einen regelmäßigen Informationsservice herausgibt. Die Anschrift der DSA finden Sie im Anhang dieses Buches.

Juristischen Beistand finden Sie als Ausländer selbstverständlich bei jedem Rechtsanwalt, falls Sie in einen Zivilrechtsstreit verwickelt werden oder sich zu einer Klage bzw. zur

Durchsetzung von Forderungen genötigt sehen. Sind Sie rechtsschutzversichert (eine solche Versicherung können Sie unabhängig von ihrem Erst- oder Zweitwohnsitz in Deutschland abschließen), sparen Sie sich Auslagen im Vorfeld, was beispielsweise in einem Verkehrsunfallverfahren sehr von Vorteil sein kann. Werden Sie in eine Strafsache verwickelt, sollten Sie unbedingt ein Konsulat oder die Botschaft verständigen, ehe Sie eigene Initiativen entwickeln.

Wenn Sie öfters ein- und ausreisen und dabei den Eindruck haben, dass Ihnen der *immigration officer* jedes Mal wieder die gleichen, vermeintlich überflüssigen Fragen stellt, so werden Sie nicht ungeduldig. Bedenken Sie, dass in Anbetracht der offenen, im Falle Großbritanniens praktisch nur durch die Insellage des Landes gegebenen Grenze zu allen anderen EU-Staaten nun einmal auch die Notwendigkeit zu verschärfter Wachsamkeit besteht. Letztendlich dient diese dem Wohl und Nutzen der Bürger und ihrer Gäste, die von einem Land wie England all das erwarten, was ihnen einen Aufenthalt dort lebenswert macht.

Denkmalgeschützte Häuser nach alter Art mit Reet zu decken, ist in England nach wie vor selbstverständlich.

SB VICTOR

7. Anhang

Die richtige Adresse, das richtige Buch, der richtige Tipp: Wer besser informiert ist, kommt schneller ans Ziel.

Ausgedehnte und eng vernetzte Binnenschifffahrtswege laden überall in England zu Wochenend- oder Ferienfahrten ein.

Adressen

Alle nachfolgend aufgeführten Adressen von Unternehmen und Institutionen, die in diesem Buch genannt wurden, basieren auf dem Stand August 2000.

Allgemein

- **ADAC-Hotline für Auskünfte bezüglich Auslandsaufenthalt:** Tel. 089 22 22 22.

- **Auswanderer-Information des Bundesverwaltungsamtes:** Postfach, D-50728 Köln,
E-Mail: bva.eures@dialup.nacamar.de;
Internet: *www.dasan.de/auswanderungswesen01/info*

- **Barmer Versicherungs-Info-Hotline:**
Tel. 0202 568 18 88, E-Mail: service@barmer.de;
bei Unfall im Ausland: 0202 568 70 10.

- **Britische Zentrale für Fremdenverkehr:**
Westendstraße 16-22, D-60325 Frankfurt/Main,
Tel. 069 97 11 23, Fax 069 97 11 24 44.

- **Bund der Auslandserwerbstätigen (BDAE) e.V.:**
Königsstraße 30, D-22767 Hamburg, Tel. 040 30 68 740,
Fax 040 30 38 74 90, Internet: *www.bdae.de*

- **Bundesverwaltungsamt:** Postfach 68 01 69,
D-50704 Köln, Tel. 01888 358 2740, Fax 01888 358 2768.

- **The Country Landowners' Association:** 16 Belgrave Square, London SW1X 8PQ, Tel. +44 (0) 20 7235 0511,
Fax +44 (0) 20 7235 4696, Internet: *www.cla.org.uk*

- **Deutsch-britische Industrie- und Handelskammer:**
16, Buckingham Gate, London SW1E 6LB,
Tel. +44 (0) 171 976 41 00, Fax +44 (0) 171 976 41 01.

- **Evang. Auslandsberatung (European Employment Services):** Rautenbergstraße 11, D-20099 Hamburg, Tel. 040 24 48 36, Fax 040 24 48 09.

- **Deutsche Verbindungsstelle Krankenversicherung im Ausland (DVKA):** Postfach 20 04 64, D-53134 Bonn.

- **The Royal Institution of British Architects:** 66, Tortmans Place, London W1N 4 AA, Tel. +44 (0) 171 307 37 00.

- **Verband der Privaten Krankenversicherungen (PKV):** Postfach 51, D-50946 Köln.

Immobilienberatung

- **Deutsche Schutzvereinigung Auslands-immobilien e.V.:** Zähringer Straße 373, D-79108 Freiburg, Tel. 0761 550 12, Fax 0761 550 13.

- **The Guild of Professional Estate Agents:** Media House, Burrel Road, St. Ives, Cambridgeshire PE17 4LE, Tel. +44 (0) 1480 49 49 44; Fax +44 (0) 1480 46 61 96, E-Mail: theguild@property-platform.com; Internet: *www.property-platform.com*

- **The Royal Institution of Chartered Surveyors:** 12 Great George Street, London SW1P 3AD, Tel. +44 (0) 171 222 70 00; Fax +44 (0) 171 334 38 00.

- **Bradford & Bingley Ltd:** 13 Warwick Road, Kenilworth, Warwicks., CV8 1HD, Tel. +44 (0) 1926 852 418, Fax +44 (0) 1926 850 030.

- **Burchell Edwards:** 9 High Street, Upton-upon-Severn, Warwicks., WR8 0HU, Tel. +44 (0) 1684 593 125, Fax +44 (0) 1684 593 946.

■ **Coast & Country Estate Agents:**
82 Elmer Road, Bognor Regis, West Sussex PO22 6E, Tel. +44 (0) 1243 585 854.

■ **Fox & Sons:** 85 High Street, Lymington, Hampshire S04 9AY, Tel. +44 (0) 1590 675 424.

■ **Andrew Fry Associates:** 22a Parkstone Road, Poole, Dorset BH15 2PG, Tel. +44 (0) 1202 661 166.

■ **Jackson & Jackson:** 14 Quay Hill, Lymington, Hampshire S041 9AR, Tel +44 (0) 1590 674 411, Fax +44 (0) 671 919.

■ **Waterside Properties:** Internet: *www.net-link.co.uk*

Botschaften, Konsulate

■ **The British Home Office:** Wiltshire Court, Farnsby Street, Swindon, Wilts., Tel. +44 (0) 616 480.

■ **Königlich Britische Botschaft in Deutschland:**
Friedrich-Ebert-Allee 77, 53177 Bonn, Tel. 0228 916 70, Fax 0228 916 72 00.

■ **Königlich Britische Botschaft in der Schweiz:**
Thunstraße 50, CH-3005 Bern,
Tel. +41(0)31 359 77 00, Fax +41(0)31 359 77 01,
Konsularabteilung: Tel. +41(0)31 359 77 41,
Fax +41(0)31 359 77 65.

■ **Königlich Britische Botschaft in Österreich:**
Jauresgasse 12, A-1030 Wien,
Tel. +43(0) 1716 130, Fax +43(0) 1716 13 29 99,
Konsularabteilung: Tel. +43(0) 716 13 51 51,
Fax +43(0) 716 13 59 00.

Rechte Seite: Englisches Understatement: Hinter bescheidenen Türen.

Königlich Britische Generalkonsulate:

- **Frankfurt/Main:** Bockenheimer Landstr. 42, 60323 Frankfurt/Main, Tel. 069 170 00 20, Fax 069 72 95 53.
- **Düsseldorf:** Yorckstraße 30, 40476 Düsseldorf, Tel. 0211 944 80.
- **Stuttgart:** Breite Straße 2, 70173 Stuttgart, Tel. 0711 16 26 19, Fax 0711 162 69 30.
- **Hamburg:** Harvestehuder Weg 8a, 20148 Hamburg, Tel. 040 44 60 71, Fax 040 410 72 59.
- **München:** Bürkleinstraße 10, 80538 München, Tel. 089 21 10 90, Fax 089 21 10 91 44.

- **Botschaft der Bundesrepublik Deutschland:** Belgrave Square, London SW1X 8PZ, Tel. +44 (0) 171 824 13 00, Fax +44 (0) 171 824 14 35.

- **Botschaft der Republik Österreich:** 16-18 Montagu Place, London W1H, Tel. +44(0) 171 616 6000.

- **Botschaft der Schweiz:** 18 Belgrave Mews West, London SW 1X, Tel. +44(0) 171 235 3731.

Literatur

Bücher

- Bill Bryson: Reif für die Insel – England für Anfänger. Goldmann, München 1999.

- Casa Europa – Wohnen im Ausland. Ratgeber der LBS, herausgegeben von der Bundesgeschäftsstelle Landesbausparkassen. Deutscher Sparkassen-Verlag, Stuttgart 1999.

- Egbert Daum, Laurie Sarten: England, heiter betrachtet. Tomus, München 1999.

■ Paul Fischer, Geoffrey P. Burwell: Kleines England Lexikon. Beck, München 1995.

■ Antony Miall: Xenophobe's Guide to the English. Ravette Publishing, Horsham 1999.

■ Hermann Muthesius: Das englische Haus, Gebr. Mann Verlag, Berlin 1999.

■ Heinz Ohff: Gebrauchsanweisung für England. Piper, München 1998.

■ Peter Sager: Britische Begegnungen. Schöfflin, Frankfurt 1996.

■ Barbara und René Stoeltie: Landhäuser in England. Tachen, Kön 1999.

■ Richard Turpin, Roger Hunt: Villages of England. Harper Collins, London 1997.

■ Horst Zielske: England – Streifzüge auf der Insel. Orbis, München 1999.

Zeitschriften

■ *Country Landowner*. Mediamark Publishing Ltd., 11 Kingsway, London WC2B 6PH.

■ *Daltons Property Weekly*, United Advertising Ltd., Link House, West Street, Poole, Dorset BH15 1LL, Internet: *www.daltons.co.uk*

■ *This England*. PO Box 52, Cheltenham, Glos. G50 1YQ, Internet: *www.thisengland.co.uk*

■ *Period Living*. Tower Publishing Services, Sovereign Park, Market Harborough, Leicester LE16 9EF.

Danke für Mitarbeit

Für ihre uneigennützige Hilfe beim Recherchieren aller Informationen und Fakten zu diesem Buch bedankt sich der Autor bei Rod Grainger und Judith Brooks, Keith Higgins, Robert J. Izzard, Paul Jackson, Albert Leonhard, Reinhard Lintelmann, Inga Pone, Chris Rees, Kurt Scharl, David und Andrea Sparrow, Jeremy Stanley-Smith sowie Michael Ware. Besonderer Dank geht an die Citroën Deutschland AG: Sie stellte dem Autor für seine Exkursionen einen Berlingo Multispace zur Verfügung, der sich als ein in jeder Beziehung »englandtaugliches« Universalfahrzeug erwies.